Manfred M. Müller

Beeindruckende Glaubenszeugnisse
christlicher Ärzte

Manfred M. Müller

Beeindruckende Glaubenszeugnisse christlicher Ärzte

media
maria

In den Zitaten wurde wegen der besseren Lesbarkeit
die neue deutsche Rechtschreibung übernommen.

Titelbild auf dem Umschlag:
Jérôme Lejeune © *DR Asso. Lejeune*

**BEEINDRUCKENDE GLAUBENSZEUGNISSE
CHRISTLICHER ÄRZTE**
Manfred M. Müller
© Media Maria Verlag, 2. Auflage, Illertissen 2024
Alle Rechte vorbehalten
ISBN 978-3-947931-50-7

www.media-maria.de

Inhalt

Einleitung

Biografen des Arztes Friedrich Joseph Haass berichten folgendes Detail aus seinem Leben: Haass habe sich bisweilen nach einem überaus anstrengenden Tagesablauf spätnachts bei wolkenlosem Himmel an sein Fenster gestellt, um per Teleskop »sich in die herrliche Welt des Schöpfers hineinzuversenken«.[1]

Ein Bild, ein Blitzlicht aus einem erfüllten Leben, gewiss, und doch mehr als ein hinfälliges biografisches Detail aus der Vita eines großen Arztes. Es ist vielmehr Lichtbild des Wesentlichen. Während Haass in den langen Stunden des Tages unermüdlich den Notlagen, dem Schmutz, dem Elend und den Abgründen der *Conditio humana* auf Schritt und Tritt begegnet, weitet der nächtliche Blick in den Himmel den Horizont und schenkt das Licht, um die Tage zu bestehen. Denn nur so, im Blick nach oben und in der Gewissheit des Lichtes, sind die alltäglichen Stunden und Aberstunden der Mühsal nicht nur zu ertragen, sondern es ermöglicht ihm, so zu leben, dass diese von innen heraus verwandelt werden zu Zeiten, in denen der Schimmer des geschauten nächtlichen Lichtes weitergegeben wird und also diskret anwesend ist.

Es mögen solche archetypischen Bilder sein, die unser aller Bild des Arztes prägen. Auf der Skala der Beliebtheit steht der Beruf des Arztes bezeichnenderweise nach wie vor weit vorne. Im Arzt wird der Helfer gesehen, der Kundige, der Maßhaltende, der Vertrauenswürdige, derjenige, der dem Leben dient und in den Krisen dieses Lebens »zum Nutzen der Kranken«[2], wie es im berühmten Eid des Hippokrates heißt, sinnvoll beiträgt.

»Zahlreiche Handschriften des Mittelalters«, so der Medizinhistoriker Schipperges, »zeigen noch dieses Idealbild des wahren Arztes: Der Arzt ist der Baumeister der Gesundheit, der

Moderator, der Maß nimmt, Maß hält und Maßstäbe setzt. Der Arzt ist wie ein Licht im Haus, das Dunkel verscheucht und Freude verbreitet. Er ist der milde Helfer, der die Not wendet. Heilkunst und Lebenskunst waren in dieser Welt des Mittelalters noch ganz und gar eins.«[3] Der moderne weiße Kittel, so darf ergänzt werden, strahlt gleichsam als Symbol des Richtmaßes die Unschuld des Lebens aus, die Helle, »ein Licht im Haus«, nach dem sich der Kranke sehnt.

Doch es gibt auch das Zerrbild des Arztes, denn wo Licht ist, ist auch Schatten. Welch schlimmere Perversion des Arztes als die des gewissenlosen Geschäftemachers, der eben das Leben, welches er schützen soll, als gewinnträchtige Ware missbraucht?

Simone Weil (1909–1943), die französische Philosophin, deren Radikalität sich mit Halbheiten und billigen Allerweltsfloskeln nicht zufriedengab, sondern das Absolute und Makellose suchte noch dann, wenn diese Suche ins eigene Fleisch schnitt, notierte, dass »die Welt des genialen Heiligen bedarf, wie eine Stadt, in der die Pest wütet, der Ärzte bedarf«.[4]

Die Ärzte, die auf den folgenden Seiten vorgestellt werden, haben die rechten Diagnosen gestellt, sie haben die Seuchen ihrer Zeit erkannt und gegen alle Widerstände und in unermüdlichem Einsatz das entsprechende therapeutische Rüstzeug angewendet. Es erstaunt nicht, dass viele von ihnen das geworden sind, was Weil einfordert: Heilige. Heißt es doch im oben genannten *Eid des Hippokrates:* »Heilig und rein werde ich mein Leben und meine Kunst bewahren.«[5]

Wien, 28. April 2023, am Gedenktag der
heiligen Ärztin Gianna Beretta Molla   Manfred M. Müller

Hildegard von Bingen

1098 – 17. 9. 1179

Das Licht
oder
»WISSE DIE WEGE«

Eine Miniatur aus dem Rupertsberger Codex des *Liber Scivias* zeigt die heilige Hildegard während des Empfangs einer ihrer Inspirationen. Rot, Gold und Braun sind die vorherrschenden Farben des kleinen Bildes.

Rot: die Farbe des Heiligen Geistes, die Farbe der Liebe. Dem Pfingstereignis vergleichbar strömen die Beseligungen des Heiligen Geistes in fünf Feuerzungen von oben herab in die empfangsbereiten Augen und Ohren der Visionärin. Rot gerahmt ist auch die Tafel auf ihrem Schoß, wo im Wachs das Feuer der Liebe einzubergen ist. Und gleichfalls rot ist der Schemel zu Füßen Hildegards, denn der göttliche Gast hüllt sie ein in sein Gewand der Glut, vom Scheitel bis zur Sohle.

Die Seherin im braunen erdfarbenen Gewand ist in der Welt, eingezwängt in ihre irdene Zelle, beengt von den Bedingungen der Sterblichkeit, und doch bricht die rote Farbe machtvoll in diese Enge ein und verklärt alles, sodass der goldene Glanz der Ewigkeit bereits jetzt die Klosterzelle im Licht erstrahlen lässt.

Und der Schreiber am Bildrand, ihr Sekretär, der Mönch Volmar, wartet gespannt darauf, das aufzuschreiben, was die Seherin ihm zum Diktat aufträgt.

Die Miniatur aus dem Klosterkodex hält wie in einem Spiegel fest, was das Leben der Hildegard von Bingen prägte: eine Geistbegabte zu sein, die dem Einbruch der göttlichen Liebe erliegt.

Die Daten

Geboren wird sie 1098 als zehntes Kind einer hochadeligen Familie im Rheinhessischen nahe Alzey. Vermutlich mit vierzehn Jahren (andere Quellen sprechen von acht Jahren) wird sie von ihren Eltern der adeligen Jutta von Sponheim anvertraut. Mit Jutta und einer weiteren jungen Frau bezieht Hildegard eine Klause, die dem Benediktinerkloster am Disibodenberg angeschlossen ist. Der feierliche Einzug in die Eremitage findet am Allerheiligentag statt. Wenig später legen die drei Frauen die benediktinischen Gelübde ab und empfangen den Schleier.

Nach dem Tod Juttas, 1136, wird Hildegard zur sogenannten Magistra (die unter der Autoriät des Abtes steht) und Vorsteherin des inzwischen größer gewordenen Frauenkonvents am Disibodenberg gewählt. Knapp 20 Jahre später, um 1150, löst sich Hildegard vom Disibodenberg und gründet, gemeinsam mit 18 ihrer Mitschwestern, auf dem Rupertsberg beim nahe gelegenen Bingen ein eigenes Kloster. Zu einer weiteren Klostergründung kommt es 1165, diesmal in Eibingen oberhalb von Rüdesheim.

Die Äbtissin Hildegard stirbt, hoch angesehen und als *prophetissa teutonica* über die Grenzen des Deutschen Reichs hinaus berühmt, am 17. September 1179 in Eibingen.

Ein Hildegard-Forscher der Neuzeit, selbst Mediziner, schreibt bewundernd über die Nonne vom Rhein: »[...] eine so hochgebildete Persönlichkeit, die uns nur zur Bewunderung hinreißen kann: eine Frau des hohen Mittelalters, die ihre Theologie ebenso beherrscht wie die zeitgenössische Philosophie; eine einfache Frau, die in den Naturwissenschaften wie in der Medizin zu Hause ist, die sich im Ackerbau wie in der Fischzucht auskennt, die über die Schönheiten der Edelsteine zu reden weiß wie auch über jene Geheimnisse aus dem Meeresgrund, die dereinst vielleicht einmal der ärztlichen Kunst zur Verfügung stehen könnten.«[1]

Der Befehl

Es ist ein Ereignis im Leben der deutschen Prophetin, welches für immer ihre Lebensbahn prägt. Sie selbst hat darüber berichtet und es ist wesentlich, ihrem feierlichen Bekenntnis, durch welches die einmalige Erschütterung durchtönt, zuzuhören, will man alles Weitere verstehen. Hildegard schreibt:

»Und siehe! Im dreiundvierzigsten Jahre meines Lebenslaufes schaute ich ein himmlisches Gesicht. Zitternd und mit großer Furcht spannte sich ihm mein Geist entgegen. Ich *sah* einen sehr großen Glanz. Eine himmlische Stimme erscholl daraus. Sie sprach zu mir: ›Gebrechlicher Mensch, Asche von Asche, Moder von Moder, sage und schreibe, was du siehst und hörst. Doch weil du schüchtern bist zum Reden, einfältig zur Auslegung und ungelehrt, das Geschaute zu beschreiben, sag und beschreibe es nicht nach der Redeweise der Menschen, nicht nach der Erkenntnis menschlicher Erfindung noch nach dem Willen menschlicher Abfassung, sondern aus der Gabe heraus, die dir in himmlischen Gesichten zuteilwird: wie du es in den Wundern Gottes siehst und hörst.‹«

Und weiter heißt es:

»Im Jahre 1141 der Menschwerdung Jesu Christi, des Gottessohnes, als ich zweiundvierzig Jahre und sieben Monate alt war, kam ein feuriges Licht mit Blitzesleuchten vom offenen Himmel hernieder. Es durchströmte mein Gehirn und durchglühte mir Herz und Brust gleich einer Flamme, die jedoch nicht brannte, sondern wärmte, wie die Sonne den Gegenstand erwärmt, auf den sie ihre Strahlen legt. Nun erschloss sich mir plötzlich der Sinn der Schriften, des Psalters, des Evangeliums und der übrigen katholischen Bücher des Alten und Neuen Testaments [...].«[2]

Die Gabe der Schau begleitet Hildegard seit Kindheitsjahren. In ihrer frühen Vita heißt es bereits im ersten Kapitel, »dass sie geheime Gesichte hatte, die sie in einer außergewöhnlichen Gabe des Schauens wahrnahm, ohne dass andere den Anblick teilten«.[3]

Doch nun im Alter von 42 Jahren geschieht Neues. Hildegard wird zur Prophetin. Und die Prophetin spricht nicht in die stille Kammer hinein, sondern in die Öffentlichkeit. Mit ihrer

Schrift *Scivias* (eine Abkürzung von *Sci vias Domini – Wisse die Wege des Herrn)*, ihrem ersten großen Werk, beginnt die ins Abendland ausstrahlende Bedeutung der Seherin Hildegard. Das ist keine Übertreibung. An den hochrangigen Adressaten ihrer Briefe, den damals Mächtigen in Kirche und Staat, kann man ablesen, wie weit der Radius ihrer Bekanntheit und ihres Einflusses reicht. Päpste, Herrscher, Kaiser Friedrich Barbarossa, Landesfürsten, bedeutende Äbte und Kleriker suchen ihren Rat und ihre Weisung. Die Äbtissin vom Rupertsberg wird im 12. Jahrhundert zu einer Gestalt, die wortwörtlich Geschichte schreibt.

Der Eintritt ins öffentliche Leben, der ihr schließlich den Ruf der deutschen Prophetin einbringt, ist dabei, wie könnte es anders ein, ein umkämpfter. Hildegard scheut sich – »aus weiblicher Scheu, aus Furcht vor dem Gerede der Leute und dem verwegenen Urteil der Menschen«[4] –, den gewaltigen, von Gott verfügten Auftrag auszuführen. Doch jedes Mal, wenn sie zögert, dem Befehl nachzugeben, wird sie krank und bettlägerig. Ihre Bewegungen stehen still. Sie ist gelähmt. Erst das volle Ja, das Einverständnis zu ihrem Auftrag, der zugleich Lust und Last ist, beleben ihre Kräfte aufs Neue.

Lust und Last: Die Gesichte der Herrlichkeit, die ihr gewährt werden, sind von strahlender Schönheit. Eine Welt der himmlischen Fügung und Harmonie und Wohlgeordnetheit eröffnet sich ihren Sinnen und ihrem Geist. Sie schaut die Wunder der Schöpfung, und »solange ich es schaue, ist alle Traurigkeit von mir genommen, sodass ich mich wie ein junges Mädchen fühle und nicht wie eine alte Frau«.[5]

Doch sie sieht auch dies: die Gewalttätigkeiten gegenüber dem guten Schöpfungsplan, die Verkehrtheiten des Geschöpfes, die Sünden der Menschen, die Last des menschlichen Hochmuts.

Und der Prophetin ist aufgetragen, das *ganze* Gesicht mitzuteilen. Sie hat die zu sein, die Werkzeug ist, Kanal der Gnade, ohne dem Geschauten eigene Abstriche oder sinnentstellende

Erfindungen anzutun. »Die Worte, die ich spreche, habe ich nicht von mir noch von einem anderen Menschen, sondern ich sage sie aus der Schau, die ich von oben empfing.«[6] Der göttliche Auftraggeber nimmt sie in die Pflicht, und diese Pflicht gestattet weder Eigenmächtigkeiten noch Selbstgefälligkeiten. Sie hat aufzuschreiben und zu sprechen: »Sage und schreibe«.

Der Kuss

Novalis, der Mittelalter-Liebhaber, fragte am Ende des 18. Jahrhunderts: »Wem gefiele nicht eine Philosophie, deren Keim ein erster Kuss ist?«[7]

Hier bei Hildegard ist diese Philosophie lebendig. Denn die Seherin wird nicht müde, in immer wieder neuen, bild- und wortgewaltigen Anläufen das Schöpfungswerk des Allherrschers als ein Werk der begeisterten Liebe zu zeigen: »Hat doch der Schöpfer«, so Hildegard, »Sein Geschöpf, so wie Er es erschuf, dadurch geschmückt, dass Er ihm seine große Liebe geschenkt hat. So war alles Gehorchen der Kreatur nur ein Verlangen nach dem Kusse des Schöpfers: Und alle Welt empfing den Kuss ihres Schöpfers, da Gott ihr alles schenkt, was sie brauchte. Ich aber, ich vergleiche die große Liebe des Schöpfers zu Seinem Geschöpf wie auch der Geschöpfe zum Schöpfer mit jener Liebe und Treue, mit der Gott den Mann und das Weib zu einem Bunde zusammengab, auf dass sie schöpferisch fruchtbar würden.«[8]

Der Kosmos ist auf Freude eingestimmt, jeder neue Tag ist eine dargebotene Gelegenheit, die uns Grund zum Einstimmen in den kosmischen Wohlklang der Freude gibt, während die Traurigkeit die Schwungkraft der Seele lähmt.

Die Wissenschaft der Weltdinge ist »fröhliche Wissenschaft«.[9] Denn wohin der Mensch mit geradem Blick schaut, sieht er die freundschaftliche Verbundenheit der Kreaturen untereinander, die ihrerseits aus der Seligkeit des Schöpfers und seiner überbordenden Liebe hervorgeht: »Die Kräuter bieten einander den Duft ihrer Blüten an, ein Stein strahlt seinen Glanz auf die anderen. Alles, was lebt, hat einen Urtrieb nach liebender Umarmung. Auch steht die ganze Natur dem Menschen zu Diensten, und in diesem Liebesdienst legt sie ihm freudig ihre Güter ans Herz«, so der verhaltene Lobgesang im *Buch der Lebensverdienste (Liber vitae meritorum).*[10]

Für Hildegard, so hat es Papst Benedikt in einer Katechese zusammengefasst, »ist die ganze Schöpfung eine Symphonie des Heiligen Geistes, der selbst Freude und Jubel ist«.[11] Mit anderen Worten: Der Kosmos ist, recht verstanden, Liturgie, ist die eine große musikalische Wirklichkeit, in der alle Lebensvollzüge miteinander in wohlgefälliger Kommunikation stehen, sodass selbst solch einfache, alltägliche Vorgänge wie Essen und Trinken oder Wachen und Schlafen sinngesättigt sein sollen, indem sie sich einfügen in die Ordnung der Lebensvollzüge und auf ihre Art so den allgegenwärtigen Austausch der Liebe zwischen allem Geschaffenen widerspiegeln.

Der zu ihrer Zeit grassierenden Irrlehre der Katharer, die unter anderem der Materie ihren gottgewollten Rang absprechen, indem sie sie als verachtenswert brandmarken, tritt Hildegards Schau souverän entgegen. Auch die Materie fließt aus der liebenden Initiative Gottes, die vier Elemente haben teil an der grünen Lebensfrische und die vier materiellen Qualitäten (das Trockene, das Feuchte, das Kalte, das Warme) sind ebenfalls von der lichtgrünen Kraft des Fingers Gottes *(viriditas digiti Dei)* berührt.

Hildegard: Sie ist die Sängerin der Schöpfung: »Ich nehme die Blüten der Rosen und Lilien und die ganze Grünheit zärtlich ans Herz, indem ich allen Gotteswerken ein Lob singe.«[12] Denn jedwedes Element hat, so wie es von Gott festgelegt ist, seinen Ton, die wiederum alle wie das Tönen der Saiten und der Zither zur Einheit verbunden sind.«[13]

In ihrem Werk ist, bei allem Schauen auch der Abgründe menschlicher Sündhaftigkeit, der unbeirrt strömende Seinsoptimismus der Seherin zu spüren, ihre Freude an den Gaben des guten Schöpfers, ihr Staunen über das Schönsein der Dinge, das trunken-nüchterne Glück der Seele, die ihrem himmlischen Bräutigam zujubelt und im wahrsten Wortsinn begeistert ist, in allen Bezügen und Beziehungen die unerschöpfliche »Grünkraft« am Werk zu sehen.

Mit diesem Ausdruck – Grünkraft, *viriditas* – fasst Hildegard die ewigkeitshaltige, belebende, frisch blühende gute Kraft zusammen, die von Gott selbst ausgeht und allem Leben innewohnt und alles Leben zur Reife bringen will. Sie ist nicht bloß im Blühen und Grünen der organischen Natur zu erkennen, sondern durchströmt jedes Wachstum, jeden Körper, jede Seele. Sie ist weit mehr als eine Farbe, sie ist, geistig wie leiblich, Symbol jener Urkraft, die stets die Gesundung des Kosmos will, ist Zeichen des heilen Seins. Darum kann Hildegard feststellen: »Es gibt eine Kraft aus der Ewigkeit und diese Kraft ist grün.«[14] Und an anderer Stelle: »Der lebendige Geist geht aus, wird grünender Leib und bringt Frucht. Das ist das Leben.«[15]

Wer daher die *viriditas* pflegt und mit ihr zusammenarbeitet, der wird fruchtbar; wer sie missachtet, wird dürr, entzieht sich der Gnade und erstickt im Unglauben.

Der Rebell

Und der Mensch? Wo ist sein Platz in dem besungenen Kosmos, in der Symphonie der Grünkraft?

Homo est clausura mirabilium Dei – der Mensch ist Hort und Klause der Wundertaten Gottes, »die Eingeborgenheit Seiner Wunder«.[16] Er ist sein Werk *(opus Dei)*, ja er steht als vollkommenes Werk Gottes mitten im Weltenbau, gestaltet mit Leib und Seele, Geschöpf und Schöpfer zugleich: »Sein Haupt nach aufwärts gerichtet, die Füße auf festem Grund, vermag er sowohl die oberen als die unteren Dinge in Bewegung zu versetzen.«[17]

Man müsste seitenlang Hildegards Schau zitieren, um einen Eindruck vom Hohelied der Liebe zu bekommen, welches die Seherin anstimmt, um der Umarmung Gottes mit seinem Geschöpf Ausdruck zu verleihen. Alles am ursprünglichen Menschen ist Wohlklang. Gott, der überaus herrliche Künstler, formt sein Ebenbild in leib-seelischer Ganzheit, als Mann und Frau, und er bildet sein Werk in Analogie zum kosmischen Weltgefüge und schenkt ihm in liebender Zuneigung alle Ver-

mögen, damit der Mensch im Bauplan der Welt Verantwortung zu übernehmen und vernunftbegabt maßvolle, diskrete Entscheidungen zu treffen vermag: »Und Gott übergab dem Menschen die ganze Schöpfung, auf dass er sie mit seiner Manneskraft durchdringe, damit er alles wisse und alles erkenne. Denn der Mensch als solcher stellt die gesamte Schöpfung dar *(homo omnis creatura),* und der Hauch des Lebens, der kein Lebensende hat, kommt in ihm wesentlich zur Erscheinung.«[18]

Der wache, fromme Mensch, der Mensch im Licht, der Anteil hat am glückseligen Leben, an der *vita laeta,* vermag die Schönheiten und Kostbarkeiten des Kosmos als Ausstrahlungen Gottes wahrzunehmen; er liest in den Wunderwerken der Schöpfung die unendlichen Liebesbekundungen des Schöpfers; er versteht es, das Alphabet der Dinge zu deuten und sich zu ergötzen an der ringsum ertönenden Partitur der willfährigen Natur. Und genau so wird der schöne Mensch zum berufenen Gestalter und Mitbauer am Werk Gottes.

Wer würde nicht staunen angesichts der Wunder an Herrlichkeit, die Hildegard entfaltet? Dass das im Ebenmaß gegründete Weltall Spiegel und Gleichnis Gottes ist und dass Gott sich in seiner Menschwerdung herablässt, das Gewand seines Geschöpfes anzuziehen derart, dass nun der Mensch seinerseits Bild seiner Glorie wird? Wer würde nicht einstimmen in Hildegards Ausruf:»O Mensch, so schaue dir diesen Menschen nur recht an! Himmel und Erde und das Gesamt der geschaffenen Welt birgt der Mensch in sich selber und ist doch ganzheitlich in einer Gestalt, in der alles das schon verborgen vorhanden ist, und also ruht im Menschen eingeborgen das All.«[19] Woher dann der Absturz des Menschen? Woher seine Hinfälligkeit? Sein Kranksein?

Das Drama beginnt am Ursprung, im Garten der Liebe, im Paradies. Der erste Mensch, noch ganz Licht, hervorgegangen aus der Hand des höchsten Künstlers *(summus artifex)*, berufen zur Freude des Lebens, wählt in fehlgeleiteter Freiheit den Ungehorsam gegenüber seinem Schöpfer. In kleinlicher, egoistischer Sicht, die den Blick auf das gerechte, lichtvolle Ganze und das Wohl der Schöpfung auslöscht, wählt er die Entstellung und die Spaltung.

Da jedoch der Mensch, das auserlesene Geschöpf Gottes, nie nur der solipsistische Einzelne ist, sondern in ihm die Mitwelt mitklingt *(symphonein)*, reißt er in seinem Sündenfall die gesamte Schöpfung in den Missklang und die Entwurzelung mit hinein. Es ist mehr als eine mittelalterliche Pointe, wenn in Hildegards Schau die heile Welt eine singende ist, Weltmusik *(musica mundana)*, während der Teufel, der ewig Unheile, lediglich krächzt.[20]

Die Abbildung im Rupertsberger Kodex zeigt den gefallenen Menschen als denjenigen, der quer zur Schöpfung liegt. Er hat seinen Platz in der Ordnung der Dinge eingebüßt, wird zum Umherschweifer, zum Ruhelosen, zum Heruntergekommenen. Mit der unvernünftigen, finsteren Entscheidung zur Sünde hält das Arsenal des Abtrünnigen Einzug in die urständige Augenweide der Schöpfung: Angst, Krankheit, Sorge, Not, Wankelmut, Umherschweifen, Siechtum, Verdorren, Misstrauen, Unglauben, Verkrümmung ins Eigene, Gebrechlichkeit, Verstimmung, Verwirrung, Unbeständigkeit und Tod. Aus dem

Wunderwerk der Welt in ihrem lichten, anmutigen Schwung wird der Ort der Plage und Schwere. Die Klage der Elemente ist herzzerreißend: »Wir können nicht mehr laufen und unsere Bahn nach unseres Meisters Bestimmung vollenden. Denn die Menschen kehren uns mit ihren schlechten Taten wie in einer Mühle von unterst zu oberst. Wir stinken schon wie die Pest und vergehen vor Hunger nach der vollen Gerechtigkeit.«[21]

Auf diesen Schrei der Not antwortet der Gottmensch, *Vir Deus*: »Mit Meinem Besen will ich euch reinigen und die Menschen so lange heimsuchen, bis sie sich wieder zu Mir wenden. In der Zwischenzeit aber werde Ich viele Herzen vorbereiten und hinziehen zu Meinem Herzen. [...] Doch nun speit die Luft Schmutz aus, sodass die Menschen nicht einmal mehr recht ihren Mund aufzumachen wagen. Auch welkte die grünende Lebenskraft durch den gottlosen Irrwahn der verblendeten Menschenseelen. Nur ihrer eigenen Lust folgen sie und lärmen: ›Wo ist denn ihr Gott, den wir doch niemals zu sehen bekommen?‹ Ihnen antworte ich: ›Seht ihr Mich denn nicht Tag und Nacht, wenn ihr sät und die Saat aufgeht, von Meinem Regen benetzt?‹ Jegliches Geschöpf strebt hin zu seinem Schöpfer. Nur der Mensch ist ein Rebell.«[22] Der Mensch hat »immer den Geschmack des Paradiesapfels im Munde«.[23]

»Hinziehen zu Meinem Herzen«: Da Gott der Gott des Erbarmens ist, belässt er den Menschen nicht im Unglück der Ferne, sondern geht ihm nach, ja wird zu seinem Gefährten im Wunder der Inkarnation.

Hildegard ist nicht nur die Sängerin der Schöpfung, sie ist auch die große Rhapsodin der Menschwerdung, der Erlösung, der Heilsgeschichte. Der im Sündenfall hinfällig gewordene Mensch gleicht dem unter die Räuber gefallenen, ausgeraubten und halbtot Daliegenden des biblischen Gleichnisses (Lk 10,25–37). Zu ihm kommt der göttliche Arzt, Christus, der barmherzige Samariter: »Dieser goss Öl und Wein in seine Wunden«, das Öl seiner Menschwerdung, das dem Wein, der Bußgesinnung des Sünders, entgegenkam. »Dann hob er ihn auf sein Lasttier, führte ihn in die Herberge und sorgte für ihn.« Sein Leib ist das Lasttier, mit dem er den Menschen auf seinen Schultern trug. »So durch die Menschwerdung verbunden, konnte der Mensch in aller Kreatur seinen Gott erkennen. Und Gott gab dem Menschen die ganze Welt zur Wohnung, wie eine Herberge, und er führte ihn selber in diese Herberge, als er ihn durch sein Leiden frei machte von der Schuld und in Mitleid und Buße Sorge für ihn trug.«[24] Ergreift der Mensch die ausgestreckte Hand des Menschensohnes, die stets in der heiligen Zuflucht der Sakramente auf ihn wartet, dann beginnt, bereuend und weinend, seine Rückkehr in die verlorene Heimat, in das Refugium der Freude, in die Kirche, in die goldene Stadt. Im Aufbruch zum Vater kommt es zur Aufrichtung aus dem autistischen Verkrümmtsein und zum Aufblick in das himmlische Erbe und damit auch zur Erkenntnis des wahren Selbst: »Vater, ich habe gesündigt gegen den Himmel. Das heißt: gegen das himmlische Kunstwerk, das ich selbst bin.«[25]

Die Heilkunst

Nach dem bisher Gesagten dürfte es einleuchten, dass dann, wenn von der Ärztin Hildegard und der ihr zugeschriebenen Heilkunst die Rede ist, mehr auszusagen ist als ein plattes therapeutisches Konzept, dem es lediglich um die Instandsetzung kranker Funktionen geht. Heilkunst ist Kunst des Heilens und somit Lebenskunde. Alle Lebensbereiche nimmt die Benediktinerin in den Blick. Die gesamte materielle Welt als Reservoir des göttlichen Heilungswillens – Edelsteine, Steine, Metalle, Kräuter, Bäume, Pflanzen, Tiere – wird befragt, dies stets in der Haltung der *discretio*, der Unterscheidung, die für Hildegard die Mutter aller Tugenden ist. Zu dieser Gabe des Unterscheidens gehört, sich einerseits nicht im Fragmentarischen zu verlieren, andererseits nie außer Acht zu lassen, dass der aktuelle

Stand des Menschen ein gebrechlicher Zwischenstand ist *(destitutio)*, nämlich zwischen dem verlorenen schönen Urstand *(constitutio)* und seinem Ziel der Wiederherstellung *(restitutio)*. Zu fragen hat sich der Kranke: Wie sinnvoll ist meine Lebensführung? Traue ich der guten Schöpfung, der lebensfrischen, nie versiegenden Grünkraft, die meine umfassende Gesundung will? Bin ich bereit, den Weg der Bekehrung und Buße zu gehen, den Weg der Tugend, und bin ich einverstanden damit, mich und mein womöglich krampfhaft festgehaltenes Unglück loszulassen und meine Wunden dem großen Arzt Christus – dem *magnus medicus,* dem *Christus medicus* – hinzuhalten in der Überzeugung:»Heilig bist Du, der Du die eiternden Wunden reinigst«?[26] Oder wie es in *Scivias* I,3 aus dem Munde Christi selbst heißt:»Ich bin der große Arzt für alles Siechtum und handle wie ein Arzt, wenn er den heilsbegierigen Kranken sieht.«[27]

Die Medizin, das *remedium,* will im wahrsten Wortsinn *remedium* sein, Mittel, um den Menschen zurückzuführen in seine ursprüngliche Ganzheit. Naturkunde, Krankheitslehre, Diätetik, Anthropologie, Kosmologie und theologische Durchdringung verbinden sich in Hildegards Lebenskunde zu einem harmonischen Gefüge. Für den Arzt bedeutet dies, so der Medizinhistoriker Schipperges:»Krankheit wird nicht als ein pathogenetischer Prozess beschrieben, sondern eher als Unterbleiben und Versagen, als ein *modus deficiens,* während Gesundsein als produktives Geschehen gedeutet wird, als *creatio continua,* permanente Zeugung aus dem lichten Grün der *viriditas.* Deshalb besteht auch das Ethos des Arztes nicht im Sanieren, sondern in der Barmherzigkeit, die er einem Not leidenden Menschen entgegenzubringen bereit ist. In der Situation der Not ist es die Hilfe, die von der Barmherzigkeit getragen wird. Es ist die Gestalt der Barmherzigkeit, die denn allein auch der Erscheinung der Herzenshärte die gebührende Antwort zu geben vermag.«[28]

Diese Gestalt der Barmherzigkeit spricht im *Liber vitae meritorum*, dem *Buch der Lebensverdienste*, I,17: »Und so bin ich, die Barmherzigkeit *(misericordia)*, in Luft und Tau und in aller grünenden Frische ein überaus liebliches Heilkraut. Übervoll ist mein Herz, jedwedem Hilfe zu schenken. [...] Den Gebrechlichen helfe ich auf und führe sie zur Gesundung.«[29]

Hildegard selbst wird zeit ihres Lebens von Krankheiten heimgesucht. Sie weiß, was es bedeutet, krank zu sein und zu leiden, ein *homo patiens* zu sein. Diesbezügliche Äußerungen ihrerseits sind zahlreich; zwei Belege mögen genügen. In der *Vita II,14* heißt es: »Niemals habe ich geruhsam dahingelebt, sondern in vielfachen Trübsalen mich abgemüht. [...] Gott verstrickte mich in so viele Unbilden, dass ich nicht mehr zu denken wagte, welch große Güte Er mir in seiner Gnade schenken werde, zumal ich sah, in welches Unglück die gerieten, die sich der Wahrheit widersetzten. Von der Trübsal und den Schmerzen, die ich durch die trockene Hitze zu erleiden hatte, wurde mein Körper so zusammengeknetet, wie wenn lehmige Erde mit Wasser zusammengemengt wird.«[30] Und in einem Brief an Wibert von Gembloux, ihren späteren Sekretär, schreibt sie: »Und ich werde durch Krankheiten stark gehemmt und oft derart in schwere Schmerzen verstrickt, dass sie mich zu Tode zu bringen drohen. Doch hat Gott mich bis jetzt immer wieder neu belebt.«[31]

Die Gewissheit von Gottes Plan und die Begegnung mit dem Arzt Christus tragen sie letztlich durch alle Prüfungen, wie es an anderer Stelle in der *Vita II,10* heißt: »Wären die quälenden Schmerzen, die ich an meinem Leibe erlitt, nicht von Gott gekommen, ich hätte nicht länger zu leben vermocht.«[32] Darum auch lässt sie sich von den Drangsalen nicht entmutigen. Auch aus teuflischen Anfechtungen geht sie als Siegerin hervor, denn: »Obgleich ich auch durch dies gepeinigt wurde, so sprach, sang und schrieb ich doch in der göttlichen Schau, was der Heilige Geist durch mich verkünden wollte.«[33]

Drei überragende Visionswerke, eine grandiose kosmische Trilogie, entstehen so unter Schmerzen in den reifen Jahren Hildegards: *Scivias*, gleichsam die dogmatische Grundlegung, in den zehn Jahren von 1141–1151, *Liber vitae meritorum*, *(Das Buch der Lebensverdienste)*, eine symphonisch komponierte Lebenskunde, welche das Gesamt der Tugenden und Laster kontrastierend dem Menschen vor Augen stellt (1158–1163), und schließlich als offener Abschluss der Visionstrilogie *Liber divinorum operum (Das Buch vom Wirken Gottes)*, entstanden in den Jahren 1163–1170, in dem das Mysterium der Menschwerdung und die Kosmologie als Heilsgeschichte kathedralengleich zu einem überragenden Ganzen finden.

Nicht zu vergessen schließlich – harmonisch den Visionswerken zur Seite stehend – die natur- und heilkundlichen Schriften der Seherin (1150–1158), die ihr den Ruf der ersten deutschen Naturforscherin und Ärztin einbrachten. In *Causae et curae* widmet sie sich den Ursachen der Krankheiten und deren Heilung. In der *Physica* genannten Schrift bietet sie ein Kompendium der volkskundlichen Rezepturen und Arzneien, wobei sie dabei auf eigene Beobachtungen und Erfahrungen zurückgreift. Benedikt XVI.: »Hildegard hat aus ihrer Sicht der Schöpfung von Gott her auch die Gaben der Schöpfung zu deuten gewusst, in der Schöpfung eine ›Apotheke Gottes‹ gefunden und so eine Medizin entwickelt, die heute neues Interesse findet.«[34]

Und neben Hildegards umfangreichem Briefwechsel ist ihr musikalisches Schaffen hervorzuheben, darunter ihr Singspiel *Ordo virtutum (Reigen der Tugenden)* und die von ihr komponierten Gesänge, von denen 77 überliefert sind. Denn der Gesang, wie bereits erwähnt, ist dem Kosmos eingeschrieben. Musik in ihrer geglückten Gestaltung ist kein überflüssiger Luxus, sondern Ton gewordener Lobpreis des visionär Geschauten und damit heilsames Remedium auf der menschlichen Lebensreise in die ewige Heimat.

Sucht man nach einem menschlichen Vorbild, an dem abzulesen ist, was Gesundheit und somit Heil im umfassenden, gottgewollten Sinne meint, dann hat man auf Maria, die Gottesmutter, zu schauen. Durch sie, die *mater medicinae,* die »Mutter des Heils«, in deren Schoß der Erlöser Wohnung nimmt, kehrt die belebende Grünkraft zurück in den versehrten Kosmos, sie ist die *»viridissima virga,* das Reis voller Grünkraft«[35], in ihr erklingt in voller Zier die Symphonie des Himmels. Darum jubelt und prangt das Universum, da der Meerstern Maria über ihm aufgeht.

Und sucht man nach einer Lebenskunde, die zugleich eine echte Theologie des Leibes beschreibt, so wird man auch hier bei Hildegard fündig. Der Leib des Menschen, hervorgegangen aus der Schöpfungskraft Gottes, ist, das wird sie nicht müde zu betonen, sein wunderbares Werk. Jeder Teil des menschlichen Leibes, jedes Organ, jedes Glied, jedes Gelenk, findet in Hildegards Schau seine gebührende Deutung und Hochschätzung. Der Mikrokosmos des Leibes ist in seiner kleinen Gestalt durchlichtet von den ausgewogenen Maßen des Makrokosmos. Gottes Herrlichkeit wird im Fleisch sichtbar und tastbar. Der Mensch in seiner Leiblichkeit ist erwählt mitzubauen am schönen Gotteswerk, bis am Ende der Zeiten die Seelen mit der Schönheit, die sie einst im Paradies besaßen, neu bekleidet werden, und zwar wunderbarer noch als im ursprünglichen Zustand.

Das gängige Vorurteil der leibfeindlichen Kirche findet bei Hildegard keine Nahrung. Auch die Sexualität gehört zum Plan Gottes, und da der unendliche Gott Logos, quellender Sinn, ist, sind auch die Geschlechtsorgane des Mannes und der Frau »mit Vernunft begabt«, auch in den leiblichen Gliedern will die Vernunft, die *rationalitas,* blühen (*et in lumbis rationalitas floret*).[36] Darum gilt: »Der Geschlechtsakt ist nicht Produkt etwa eines Naturtriebs; er wird ausgeführt wie ein kunstvolles Bauwerk (*aedificium*).«[37]

Die Vernunft ist wohlgemerkt nicht zu verwechseln mit der kalten, berechnenden, technisch versierten Ratio der Neuzeit. *Rationalitas* (Vernünftigkeit) ist, wenn sie sich der grün durchfluteten Symphonie des Kosmos einfügt, kostbarer Teil in einem reifenden Ganzen. Sie birgt in sich »Schönheit und Sinn, Vernunft, Verstand und Herz«.[38] Im Gleichnis des Baumes fasst die Seherin das Gemeinte zusammen: »Was der Saft im Baum ist, das ist die Seele im Körper, und ihre Kräfte entfalte sie wie der Baum seine Gestalt. Die Erkenntnis *(intellectus)* gleicht dem Grün der Zweige und Blätter, der Wille *(voluntas)* den Blüten, das Gemüt *(animus)* ist wie die aufkeimende, die Vernunft *(ratio)* wie die ausgereifte Frucht. Der Sinn *(sensus)* endlich gleicht der Ausdehnung des Baumes in die Höhe und Breite.«[39]

Das Licht

Geboren wird Hildegard in ein »weibisches Zeitalter«.[40] So kennzeichnet sie selbst ihre Zeit. Es ist eine Zeit der großen Gefährdungen und Versuchungen, eine Zeit der Betrügereien, der Täuschungen, der Häresien. Es ist vor allem die Zeit geistiger und moralischer Verworfenheit, in der selbst der Klerus seine Aufgaben sträflich vernachlässigt: »Weh, wehe – die heutige Zeit ist nicht kalt, sie ist auch nicht warm, sie ist einfach lau.«[41]

Dem Menschen ist jedoch aufgetragen, was sie einst dem Erzbischof von Bremen vorschreibt: »Sei ein lichter Stern, leuchtend in der nächtlichen Finsternis schlechter Menschen.«[42]

Sie selbst, Hildegard, ist zeitlebens eine im Licht Lebende. Das Licht, das unfassbare, das ursprüngliche, hat ein Beiwort. Hildegard spricht immer wieder vom *lebendigen* Licht. Auch das Adjektiv *wahr* fügt sie dem Licht bei. Oder das Adjektiv *mild*. Oder *geheimnisvoll*.

Und dann gibt es noch den Schatten des Lichts, in dem Hildegard, so sie selbst, beständig lebt, gleichsam als das Fenster zum übergroßen lebendigen Licht.

Spät, vier Jahre vor ihrem Tod, schreibt sie an Wibert ausführlich über das Geheimnis ihrer visionären Gabe. Da heißt es:

»Von meiner Kindheit an, als meine Gebeine, Nerven und Adern noch nicht erstarkt waren, erfreue ich mich dieser Gabe der Schau in meiner Seele bis zur gegenwärtigen Stunde, da ich doch schon mehr als siebzig Jahre alt bin. [...] Das Licht, das ich schaue, ist nicht an den Raum gebunden. Es ist viel, viel lichter als eine Wolke, die die Sonne in sich trägt. Weder Höhe noch Länge noch Breite vermag ich an ihm zu erkennen. Es wird mir als der *Schatten des lebendigen Lichtes* bezeichnet. [...] Die Gestalt dieses Lichtes vermag ich aber nicht zu erkennen, wie ich ja auch die Sonnenscheibe nicht ungehindert anschauen kann. In diesem Licht sehe ich zuweilen, aber nicht oft, ein anderes Licht, das mir das *lebendige Licht* genannt wird. Wann und wie ich es schaue, kann ich nicht sagen.«[43]

Als die Seherin Hildegard 1179 in ihrem Kloster auf der Bergeshöhe stirbt, bleibt das Licht. Denn es sei – so steht es in ihrer Lebensbeschreibung – am Tag ihres Heimgangs in die Ewigkeit am Himmel eine wunderbare Lichterscheinung aufgestrahlt, welche »die nächtliche Finsternis vom Sterbehaus zu vertreiben« schien. »In diesem Lichte sah man ein rot schimmerndes Kreuz, das zuerst klein war, dann aber zu ungeheurer Größe anwuchs.«[44] Die Lichterscheinung hüllt schließlich »den ganzen Berg in strahlendes Licht«.

Und die Verfasser der Lebensbeschreibung bezeugen abschließend: »Wir müssen wohl glauben, dass Gott durch diese Zeichen offenkundig machte, mit welcher Lichtfülle Er seine Geliebte im Himmel verherrlicht hat.«[45]

Am 7. Oktober 2012 hat Papst Benedikt XVI. Hildegard von Bingen zur Kirchenlehrerin *(Doctor Ecclesiae universalis)* erhoben.

Worte Hildegards

»Ich bin der große Arzt für alle Krankheiten. Wie ein Arzt es macht, so halte ich es auch. Er sieht die Leiden und verlangt glühend nach Heilmitteln. Wenn das Leiden gering ist, heilt er es leicht. Wenn es aber schwer ist, dann sagt er dem Kranken: ›Ich verlange von dir Silber und Gold. Ich sage zu dir, was du mir geben sollst.‹ Wenn ich aber, o Mensch, so handeln wollte, dann würde ich die leichten Sünden mit Seufzen und Tränen und dem guten Willen des Menschen abwischen. Bei schweren Vergehen aber sage ich: ›O Mensch, tue Buße und ändere dich, dann zeige ich dir Meine Barmherzigkeit und gebe dir das ewige Leben.‹«[46]

»Der gläubige Mensch sieht seine Wunden. Und bevor er in den Tod versinkt, sucht er den Arzt. Er wird auch den Arzt finden, wenn er in seinen Schmerzen ihn sucht. Der Arzt zeigt ihm den herben Saft der Salben, durch die er geheilt werden kann. Das sind strenge Worte. Durch sie prüft er, woher die Reue kommt, ob aus der Wurzel seines Herzens oder aus dem Wind seiner Wankelmütigkeit. Wenn er ihn geprüft hat, gibt er ihm den Wein der Reue, damit er die übelriechenden Wunden auswäscht. Und weiter gibt er ihm das Öl der Barmherzigkeit, damit es die Wunden lindere bis zur Heilung.«[47]

»Wie jedes Ding einen Schatten hat, so ist der Mensch der Schatten Gottes. Und der Schatten ist der Beweis des Geschöpfes. Der Mensch ist in seinen Wundern der Beweis für den allmächtigen Gott. Er selbst ist Schatten, weil er einen Anfang hat. Gott aber ist weder Anfang noch Ende. Daher ist die ganze himmlische Harmonie ein Spiegel der Gottheit, und der Mensch ist ein Spiegel aller Wunder Gottes.«[48]

»Durch Salomon spricht die Weisheit von der Liebe zwischen Schöpfer und Geschöpf und umgekehrt vom Geschöpf zum Schöpfer. Wie sehr hat der Schöpfer das Geschöpf geschmückt, als er es erschuf. Denn überaus liebte er es. Und wie sehr hat das Geschöpf nach dem Kuss des Schöpfers verlangt, als es ihm gehorchte. Deshalb, weil das Geschöpf vom Schöpfer den Kuss empfing, war es ihm in allem gehorsam.«[49]

»Und ich beherzige gläubig, dass der süße Duft der Rosen in den Dornen geboren wird. Und so erkenne ich meinen Erlöser.«[50]

»Wenn du dich verwundest, dann suche den Arzt, damit du nicht stirbst. [...] Das Gottesreich lässt sich finden, aber wie zum Spiel kannst du es nicht suchen. Hört, ihr Menschen, und überseht nicht den Eingang in das himmlische Jerusalem.«[51]

»Eva hat in Schmerzen lauter Wehklagen empfangen. In Maria aber klang die Freude auf, das Zitherspiel, die Symphonie.«[52]

Friedrich Joseph Haass

10. 8. 1780–16. 8. 1853

Die Güte
oder
»Beeilt euch,
das Gute zu tun!«

Haass-Büste im Innenhof des Rathauses von Münstereifel

Als das Leben von Friedrich Joseph Haass, den man in Moskau seit Jahrzehnten nur unter dem Namen Fjodor Petrowitsch Gaas kennt, sich dem Ende zuneigt, ist er wortwörtlich ein armer Schlucker. Und dies nicht, weil er auf großem Fuße gelebt oder gar seine Einkünfte verprasst hätte. Es ist anders, ganz anders. Der »heilige Doktor«, wie ihn die Leute aus dem Volk nennen, stirbt in Armut, weil er sein Vermögen für andere hergegeben hat.

»Die ganze Hinterlassenschaft«, so sein erster Biograf, »bestand aus ein paar Rubeln, etwas Kleingeld, abgewohnten alten Möbeln, abgetragener Kleidung, aus Büchern und einem Teleskop«.[1] Nicht zu vergessen die Reliquie des heiligen Franz von Sales, die Haass in seinem Testament als kostbaren Schatz erwähnt.

Alea jacta est

Ein knappes halbes Jahrhundert zuvor freilich, 1806, als Haass 26-jährig in Moskau ankommt, sieht es ganz danach aus, dass hier ein talentierter Arzt bald Erfolg haben wird. Die vorangegangenen Jahre hat er seine Studien (Medizin, Philosophie, Mathematik, Literatur) in Köln, Jena und Göttingen absolviert und mit der Promotion im Fach Medizin abgeschlossen. Bei einem anschließenden Aufenthalt in Wien lässt er sich zum Facharzt der Augenheilkunde ausbilden.

Hier in Wien lernt er auch die Fürstin Repnin kennen. Es ist eine glückliche Fügung. Denn Haass, dem Wien verleidet und der von einer Typhuserkrankung genesen ist, kommt das Angebot der Fürstin zupass, die ihm eine Stellung als Hausarzt innerhalb der fürstlichen Familie in Russland anbietet und ihm die Freiheit einräumt, auch in anderen Kreisen seine ärztliche Tätigkeit auszuüben. Die Fürstin ihrerseits weiß um die Qualitäten des jungen Arztes, hat er doch den betagten Fürsten Repnin gerade von einem Augenleiden kuriert.

Friedrich Joseph Haass

Kurz vor der Abreise schreibt Haass an seinen Onkel in
Deutschland einen Brief. Die Anfangsworte lauten: *Alea jacta
est.* Und so ist es: Die Würfel sind gefallen. Welches Ausmaß
diese Entscheidung allerdings annehmen wird, das weiß noch
niemand.

In Moskau reüssiert der junge Arzt schnell. Seine Heilerfolge
sprechen sich herum, seine Praxis floriert. Die Krankenhäuser
stehen ihm offen. Seine Kompetenz ist allseits gefragt. Und
schon in dieser allerersten Zeit lernt er auch die elende Seite
Moskaus kennen, die Armenspitäler, wo er beginnt, kostenlos
Patienten zu therapieren.

Bereits ein Jahr nach seiner Ankunft wird er auf Wunsch der
Zarin zum Chefarzt des Paul-Krankenhauses bestellt und damit
in den russischen Staatsdienst aufgenommen. »Was den Um-
stand betrifft, dass er der russischen Sprache nicht mächtig ist,
kann er dieselbe«, so der Wortlaut der kaiserlichen Aufforde-
rung, »schnell insoweit erlernen, als dies für die Ausübung seines Amtes erforderlich ist, und mittlerweile kann er sich mit
unseren Stabsärzten in lateinischer Sprache verständigen ...«[2]

Wiederum ein Jahr später wird dem jungen Arzt, nicht zuletzt aufgrund seiner Verdienste in der unentgeltlichen Behandlung Augenerkrankter im Katharinenspital, das Wladimir-Kreuz
verliehen, wodurch er zum Ritter des Ordens vom heiligen Wla-
dimir ernannt und somit in den Adelsstand erhoben wird. Doch
damit nicht genug: Haass wird 1811, gerade einmal 31 Jahre
alt, zum Hofrat ernannt, wodurch auch seine wissenschaftlichen Arbeiten honoriert werden. Denn Haass hat in den vergangenen Jahren die Heilquellen im Kaukasus systematisch
erforscht, manche erschlossen und die entsprechenden Ergebnisse in einer umfangreichen Publikation schließlich öffentlich
gemacht. Diese Resultate sind bis heute von Belang.

In den napoleonischen Wirren, 1812 bis 1814, wird Haass
Militärarzt und kommt mit den russischen Truppen bis nach
Paris. Er nutzt den Rückweg nach Moskau, um Halt in seinem
Heimatort Münstereifel (nahe Bonn) zu machen. Es ist der

7. April 1814. Er kommt gerade rechtzeitig, um seinen Vater noch lebend anzutreffen, denn einen Tag später stirbt der Vater. Zurück in Moskau nimmt Haass seine Arztpraxis wieder auf. Sein russischer Biograf berichtet, dass diese »in kurzer Zeit einen großen Umfang annahm. Haass wurde einer der bekanntesten Ärzte Moskaus. Obwohl er von jeglichem Eigennutz frei war, verfügte er dank seiner Stellung über ganz beträchtliche Mittel. Er wurde fortwährend zu Konsultationen gerufen und man kam von fern, um seinen Rat zu hören.«[3]

Sursum corda

Die eigentliche Wende im Leben des Doktor Haass ereignet sich Ende Dezember 1828. Er ist mittlerweile Besitzer eines Stadthauses in Moskau und hat sich darüber hinaus ein Landgut in der Umgebung Moskaus gekauft, auf dem er eine Tuchfabrik einrichten lässt, deren Einnahmen er gemeinnützig verwenden will. Die Menschen, die ihn kennen, schätzen ihn. Seine ärztliche Kompetenz, seine Bildung und seine Menschlichkeit schaffen ihm etliche Bewunderer, auch in der adeligen Gesellschaft.

Aber Haass hat mittlerweile auch den Widerstand, die Gemeinheit, die Häme, die Schikanen und den bürokratischen Sumpf kennengelernt. Man intrigiert gegen ihn, man beschimpft ihn als »Ausländer«, Initiativen und Reformen zur Besserung des Hygiene- und Gesundheitswesens versanden in Kanzleien und Kontoren, der ausländische Doktor wird als Unruhe stiftend, lästig, aufgeplustert, fanatisch, überspannt, verrückt beziehungsweise betrügerisch diskreditiert und von missgünstigen Gegnern vor Gericht gezerrt. 19 Jahre dauert ein gegen ihn angezettelter Prozess, bis ihm schließlich Recht widerfährt. Das Amt des Stadtphysikus, welches ihm der Generalgouverneur Moskaus, Fürst Golitzyn, anvertraut, legt Haass aufgrund unverhohlener Feindseligkeiten von Funktionären schon nach einem Jahr nieder. Die Bosheit von Amtsträgern, die es eigentlich besser wissen müssten, zumal Haass' medizinische Leistungen bekannt sind, führen immer wieder zu Enttäuschungen und Rückschlägen.

Fürst Golitzyn freilich gehört unbeirrt zu den großen Förderern des Ausländers. In einem Brief teilt er Haass mit, dass in Moskau ein sogenanntes Gefängnisschutzkomitee gegründet werden soll. Er, Haass, wird zum ordentlichen Mitglied dieses Komitees berufen und zugleich zum Chefarzt der Moskauer Gefängnisse ernannt.

Die Welt, die sich Haass in den Zellen der Gefangenen und Delinquenten eröffnet, prägt und verwandelt seine letzten Lebensjahrzehnte. Es ist eine Welt von Elend, Schmutz, Verwahrlosung, Krankheit und Unmenschlichkeit. Die hygienischen Zustände sind katastrophal, ebenso die inhumane Erniedrigung der Verurteilten, die grausam an den sogenannten *Prut*, eine Eisenstange, fixiert oder durch eine halbseitige Kopfrasur wie Vieh als Schwerverbrecher gebrandmarkt werden. Die Verpflegung der Gefangenen ist ein Desaster. Zum Gefängnisalltag gehören ferner die mörderischen Transporte nach Sibirien, das grausame Auseinanderreißen von Familien, das brutale Deportieren von Leibeigenen, die schonungslose Behandlung der Kranken sowie die generelle Rechtlosigkeit der Inhaftierten.

Es ist die Welt der Erniedrigten und Beleidigten, wie Dostojewski sie nennen wird, die Welt der Ausgestoßenen. Und in der Begegnung mit diesen Entrechteten wird aus dem Friedrich Joseph aus dem kleinen Eifeler Dorf Münstereifel nun endgültig der Moskowiter Fjodor Petrowitsch. Sein Biograf Kemper hält fest:»In der Arbeit für dieses Gefängnisschutzkomitee – natürlich im Verbund mit seinem medizinischen Engagement in den ihm unterstellten Krankenhäusern – fand Haass' Leben nach 1828 einen neuen Mittelpunkt. In den 25 Jahren seiner Mitgliedschaft tagte das Komitee 293-mal und musste nur einmal auf Haass verzichten.«[4]

Seine Initiativen, Maßnahmen, Reformen und unermüdlichen Korrespondenzen, Eingaben, Bittgesuche, Interventionen und Einsprüche in Kanzleien, Ämtern, Verwaltungen, aber auch bei Freunden, einflussreichen Persönlichkeiten, Wohltätern, Gönnern und dem Institut des Gefängniskomitees sind ohne Zahl. Nach zähem Ringen gelingt es ihm, dass der *Prut* in den Moskauer Gefängnissen abgeschafft wird. Schwere Fesseln werden durch leichtere ersetzt, die von den Gefangenen dankbar bald nur noch die »Haass'schen Fesseln« genannt werden. Andere Erleichterungen für die Gefangenen setzt er gegen fortwährenden Widerstand obstinater Behördenfunktionäre durch, etwa dass die schrecklichen Hand- und Fußfesseln, die in das Fleisch der Delinquenten schneiden oder im Winter zu Erfrierungen führen, mit Leder oder Leinwand ausgekleidet werden. Auf dem Transport in die sibirischen Straflager lässt er eine Zwischenstation einrichten, um den Gefangenen eine Rast zu gönnen. Dort taucht Fjodor Petrowitsch bei jedem neuen Konvoi mit Helfern auf, um seine Unglücklichen, wie er sie nennt, mit Körben voller Brot, Früchten und Wäsche, aber auch mit Bargeld für den Weitermarsch zu versorgen.

Sein Leben sieht nun folgendermaßen aus: An drei oder auch vier Tagen in der Woche widmet er sich den Sträflingen, die verbleibenden Tage und Nächte gehören seinen übrigen Patienten. Sein Stadthaus hat er verkauft, er wohnt neuerdings im Katharinenspital, dem Spital für die Armen. Ab 1845 bewohnt er zwei Zimmer im Krankenhaus für Obdachlose, welches im Volk unter dem Namen »Haassovka« bekannt ist.

Nach dem spärlichen Frühstück widmet er sich seiner Armenpraxis. Die Medikamente, die die Patienten erhalten, sind von Haass selbst zubereitet worden; er gibt sie ohne Honorar ab. Gegen Mittag folgt die Visite im Obdachlosenspital. Nach der Visite gilt es, die Bauarbeiten zu überwachen, die der Erweiterung und Neugestaltung des Spitals dienen. Danach macht sich Fjodor Petrowitsch als Chef der Moskauer Gefängniskrankenhäuser auf den Weg ins Stadtgefängnis und anschlie-

37

ßend in das Deportationsgefängnis auf den Sperlingsbergen. Untersuchungen, Anhörungen, Gespräche mit den Gefangenen und oft genug Auseinandersetzungen mit den zuständigen Inspektoren und Amtsträgern folgen. Das Erstaunliche: Fjodor Petrowitsch gibt trotz unzähliger Schikanen nicht auf. Kranke, die er für nicht transportfähig hält, behält er gegen den Widerstand etlicher Beamten zurück und verarztet sie. Andere schreibt er krank, um ihnen die notwendige Wartezeit zu verschaffen, bis etwaige Familienmitglieder, die ihre Angehörigen in die Verbannung begleiten wollen, eingetroffen sind.

Aber nicht nur das leibliche Wohl der ihm Anvertrauten liegt Fjodor Petrowitsch am Herzen, sondern ebenso auch ihr geistig-seelisches Wohlergehen. In einem Bericht an den Fürsten Golitzyn schreibt er, dass der dreifachen Verflechtung aus Schuld, Unglück und Krankheit, die maßgeblich in der kriminellen Genese vorzufinden ist, durch eine adäquate dreifache Hilfe zu begegnen sei: durch eine gerechte Behandlung, durch Mitleid und durch Fürsorge. Dementsprechend wird der Arzt Fjodor Petrowitsch zunehmend auch der Seelenarzt der Gefangenen. Er sorgt dafür, dass Tausende von Bibeln, Evangelien, Gebetbüchern und Kirchenkalendern an die Häftlinge verteilt werden. Weiter stellt er selbst ein kleines Buch zusammen, das *ABC der christlichen Sittsamkeit*, welches sämtlichen Strafgefangenen, die den Weg in die Verbannung antreten müssen, ausgehändigt wird – als Trost, als geistliche Stärkung, als Rettungsanker, als pragmatischer Behelf in trüben Tagen. Das posthum herausgegebene Buch *Aufruf an die Frauen*, von Haass ursprünglich in französischer Sprache verfasst, dient demselben Zweck der sittlichen Erbauung. In ihm steht auch das Motto des Arztes, welches er selbst am eindringlichsten gelebt hat: »Beeilt euch, das Gute zu tun!«[5]

Und natürlich sorgt sich Fjodor Petrowitsch auch darum, dass Gottesdienste für die Gefangenen abgehalten werden und dass für Katholiken, etwa die inhaftierten Polen, die Möglichkeit zum Empfang der heiligen Beichte besteht sowie zur Feier

der heiligen Messe. Koni hält fest:»Im Jahre 1838 besuchte er
[Haass] das Komitee und verwandte sich beharrlich beim Zivil-
gouverneur dafür, dass alle nach Sibirien verbannten Polen eine
Woche in Moskau zurückbehalten würden, um zu beichten und
das heilige Abendmahl zu empfangen, um sich für den Weg in
ein völlig neues Leben zu stärken.«[6]

Kosten, die anfallen, erbettelt der Chefarzt. Zahlreiche
Wohltäter, zum Beispiel ein reicher Petersburger Kaufmann,
unterstützen ihn. Sein eigenes Vermögen fließt seit Langem in
die Fürsorge für die anderen. Er lebt kärglich. Von dem einst
schmucken Frack, dem gepflegten Jabot, den obligaten Schnal-
lenschuhen und der repräsentativen Equipage bleiben abge-
tragene Kleider und eine klapprige Kutsche mit zwei Gäulen
übrig.

Von Don Bosco ist das Wort überliefert, er würde für seine
Jugendlichen bis zur Tollkühnheit gehen. Diese Maxime des
Turiner Jugendapostels ist ohne Abstriche auf Haass und seinen
Einsatz für die Deportierten und Unglücklichen zu übertragen.
Einer seiner russischen Biografen berichtet die folgende Be-
gebenheit:»Als Nikolaus I. während seiner Moskauer Visite
das Schloßgefängnis besuchte, zeigten Haass' Gegenspieler
dem Zaren einen 70-jährigen Alten, der zur Verbannung nach
Sibirien verurteilt worden war, den Haass aber nicht aus Mos-
kau entließ, sondern ins Krankenhaus verlegt hatte. Bei diesem
Rundgang war auch Haass dabei. Der Zar kannte Haass persönlich, also wandte er sich mit strengem Blick direkt an ihn:
›Was soll das bedeuten?‹ – ›Verzeihen Sie, mein Herrscher!‹, sagte Fjodor Petrowitsch und kniete nieder. – Der Zar war verstört:
›Steh auf! Ich bin dir nicht böse, steh auf, Fjodor Petrowitsch.‹ –
›Nicht mir, verzeihen Sie dem Alten!‹, sprach Haass, immer
noch kniend. ›Ich bitte für den Alten. Er hat nicht mehr lange
zu leben. Er war sein Leben lang auf der Flucht, von Gefängnis
zu Gefängnis. Er wurde wie ein Wolf gejagt. Erlauben Sie ihm,
Eure Majestät, wenigstens in Ruhe hier im Krankenhaus und
nicht irgendwo unterwegs auf der Etappe zu sterben.‹ – Der

Zar half Haass aufzustehen, wurde nachdenklich und sagte:
›Wenn dein Gewissen das auf sich nimmt … soll er bleiben!‹«[7]

Es dürfte aus diesen wenigen Skizzen ersichtlich sein, dass
Fjodor Petrowitsch sich nicht schont. Er schont die anderen,
nicht sich. Während einer Choleraepidemie ist er als der erfah-
rene und entscheidende Verantwortliche unerschrocken und
unermüdlich im Einsatz. In einer Instruktion an Ärzte schreibt
er: »Der Arzt darf nicht vergessen, dass das Vertrauen, mit welchem sich die Kranken sozusagen seiner Willkür hingeben, er-
fordert, dass er sie offenherzig, mit völliger Selbstverleugnung,
mit freundlicher Besorgnis um ihre Bedürfnisse, mit derselben
Gemütsstimmung, welcher der Vater für seine Kinder, der Vor-
mund für seine Mündel empfindet, behandle.«[8]

Nach dem Abklingen der Epidemie gibt es Auszeichnungen –
für Beamte, Offiziere, Ärzte. Fjodor Petrowitsch geht leer aus.

Seinem Schützling Nikolaj, den er eines Tages als 12-jäh-
rigen obdachlosen Waisenknaben zu sich nimmt, großzieht, unterrichtet und dem er schließlich ein Medizinstudium finanziert, schreibt er in einem Brief: »Schon mehrmals habe ich
Ihnen gegenüber den Gedanken geäußert, dass der zuverläs-
sigste Weg zum Glück nicht der Wunsch ist, glücklich zu sein,
als vielmehr das Streben, andere glücklich zu machen. Dazu
aber muss man für die Nöte der Menschen ein offenes Ohr haben, sich ihrer annehmen, keine Mühen scheuen, ihnen mit Rat
und Tat zur Seite stehen, die Menschen einfach lieb haben.
Diese Liebe wird immer stärker, je öfter sie bekundet wird. Sie
wirkt wie die Kraft eines Magneten, die nur erhalten bleibt oder
noch zunimmt, wenn der Magnet ständig in Gebrauch ist.«[9]

Es spricht Bände, wenn man erfährt, dass von dem berühmten Doktor keine großartigen Porträts oder Gemälde vorhanden
sind. Der »heilige Doktor«, wie er wie selbstverständlich in seinen letzten Lebensjahren vom Volk tituliert wird, ist zwar berühmt, sehr berühmt, worüber ein Zeitgenosse schreibt: »Als ich
Anfang der 50er-Jahre an der Universität studierte, war uns
Medizinern der Name Haass nicht nur bekannt, sondern wir

suchten auch nach Gelegenheiten, diese berühmte Persönlichkeit sehen zu können. Ich erinnere mich gut an sein Äußeres, aber auch vor allem daran, dass er schon damals zur Schar der Heiligen zählte und in allen Schichten der Moskauer Bevölkerung für einen solchen gehalten wurde.«[10] – Doch trotz dieser Berühmtheit ist ihm jedes Zurschaustellen seiner Person zuwider. Er mag es nicht, im Mittelpunkt zu stehen und die Aufmerksamkeit auf sich zu ziehen. In Gesprächen berichtet er über seine Unglücklichen, nicht über sich selbst, wie ihm überhaupt Fragen nach seiner Person missfallen. Nicht er ist wichtig, sondern die Elenden, die er betreut. Darum lehnt er es auch ab, und dies trotz wiederholter Bitten von Freunden oder interessierten Organisationen, etwa der Londoner Bibelgesellschaft, dass ein Porträt von ihm angefertigt wird. Dass es gleichwohl eine Profilzeichnung von ihm gibt, verdankt sich einer List. Während eines intensiven Gesprächs mit dem Generalgouverneur Scerbatov befindet sich unsichtbar hinter einem Paravent ein vom Gouverneur bestellter Künstler, der ohne Wissen des unschuldigen Fjodor Petrowitsch ein Porträt von diesem zeichnet.

Man schätzt, dass – neben all den Kranken in den Spitälern – allein circa 200 000 Gefangene von Fjodor Petrowitsch persönlich betreut wurden. Kranke, die im Spital oft keinen Platz mehr fanden, nahm er mit sich nach Hause, um sie dort zu pflegen. Woher, so mag man sich fragen, kam die Kraft zu dieser Hingabe? Zu dieser täglich praktizierten Selbstverleugnung, die nichts Verkrampftes, nichts Knechtisches an sich hatte?

Die Antwort ist schlicht, sie lautet: aus dem Blick nach oben, nach dorthin, wo die allmächtige Güte wohnt. »Immer *sursum corda*. Wir müssen unsere Herzen erheben«,[11] so schreibt der gute Doktor seiner Schwester nach Deutschland, die den Heimgang ihres Mannes betrauert. Immer *sursum corda*.

Beati servi illi

Am 16. August 1853 stirbt der heilige Doktor 73-jährig in Moskau. Er ist so verarmt, dass der Staat die Begräbniskosten übernimmt. In seinem Testament hatte Fjodor Petrowitsch darum gebeten,»mich auf Kosten der Kirche zu begraben, mit einem Zweispänner und ohne allen Schmuck«.[12] 20 000 Menschen begleiten den Trauerzug.»Ganz Moskau hat Haass zu Grabe getragen: Russisch-Orthodoxe und Altgläubige, Prominente und Arme; sie alle weinten von Herzen, weil ein guter Mensch von ihnen gegangen war.«[13] Am Grab werden keine Reden gehalten, so eine Zeitzeugin:»Wahrscheinlich begriff man, dass Worte nicht imstande waren wiederzugeben, was alle wussten, noch das ausdrücken konnten, was alle fühlten.«[14]

Zum Beispiel dies:

»Ich musste an die Zeit denken, als ich zu lebenslänglich verurteilt worden war, wie schlecht es mir auf der Etappe gegangen ist und wie ich begriffen habe, dass ich aus Sibirien niemals freikomme. Dabei war ich noch jung und gesund, man fesselte und kettete uns zu sechs oder sieben Mann an den Eisenstab. Damals habe ich mir geschworen, dass ich mir bei der nächsten Gelegenheit was antue, egal – die Sehnen durchbeißen und verbluten oder mit dem Kopf gegen die Mauer rennen und krepieren. Als die Etappe am Rogoshski-Tor ankam, holte uns ›der heilige Doktor‹ ein, so nannten die Gefangenen den Doktor Haass. Gesehen hatte ich ihn vorher nie, aber viel von ihm gehört. Wir standen da und warteten aufs Kommando. Da hielt eine Droschke, aus der stieg ein großer Mann aus, ging auf Arrestanten zu und teilte ihnen was aus. Auch zu mir kam er und gab mir ein warmes Brötchen und sagte: ›Geh mit Gott, mein Täubchen, Gott schütze dich!‹ Und als er das sagte, verschlug es mir die Sprache, noch niemand hatte zu mir ›Täubchen‹ gesagt, nicht mal meine eigene Mutter. Und dieser Alte schaute mich zärtlich an und redete auf mich ein: ›Mein Lieber, schlecht hast du's, aber zermartere dich nicht, vielleicht wird sich noch alles zum Besseren wenden.‹ Er umarmte und küsste mich und strich mir mit der Hand übers Haar. Wie erstarrt stand ich da, betrachtete das Brötchen in meiner Hand, weinte und dachte: ›Warum willst du dir das Leben nehmen, wenn es auf der Welt Menschen gibt, die so viel Mitleid mit dir haben?‹ Tausende von Werst habe ich zurückgelegt. Viel Zeit ist seitdem vergangen, aber an dieses Brötchen denke ich bis heute [...].«[15]

Jetzt pilgern die Menschen zu den Vvedensker Hügeln, zum Ausländerfriedhof, und dort zum Grab des Fredericus Josephus Haass und legen ihre Blumen oder auch andere Geschenke nieder. Am Grabgitter des Verstorbenen hängen drei schwere gesprengte Eisenketten – Symbole der Güte des Doktors, der zeit seines Lebens dafür kämpfte, dass die Ketten der Unmenschlichkeit ein Ende nehmen. Ein Findling aus Granit, auf dem sich ein granitenes Kreuz erhebt, schmückt seine letzte Ruhestätte. Auf dem granitenen Stein ist die Inschrift angebracht: *Beati servi illi quos cum venerit Dominus invenerit vigilantes: Amen dico vobis: quod praecinget se et faciet illos discumbere et transiens ministrabit illis* – »Selig die Knechte, die der Herr wach findet, wenn er kommt! Amen, ich sage euch: Er wird sich gürten, sie am Tisch Platz nehmen lassen und sie der Reihe nach bedienen« (Lk 12,37).

Der Seligsprechungsprozess für Fjodor Petrowitsch ist eingeleitet.

Aussprüche des »heiligen Doktors«

An seinen Zögling:

»Sie wissen, wie ich über das Glück denke. Es besteht darin, andere glücklich zu machen.«[16]

Aus dem Testament:

> »Oft habe ich mich gewundert, dass ich, wenn ich seinerzeit durch die Praxis zu etwas Geld gekommen war, doch niemals Geld besaß.«[17]

Ladislaus Batthyány-Strattmann

28. 10. 1870 – 22. 1. 1931

Der Dienst
oder
»DEO GRATIAS!«

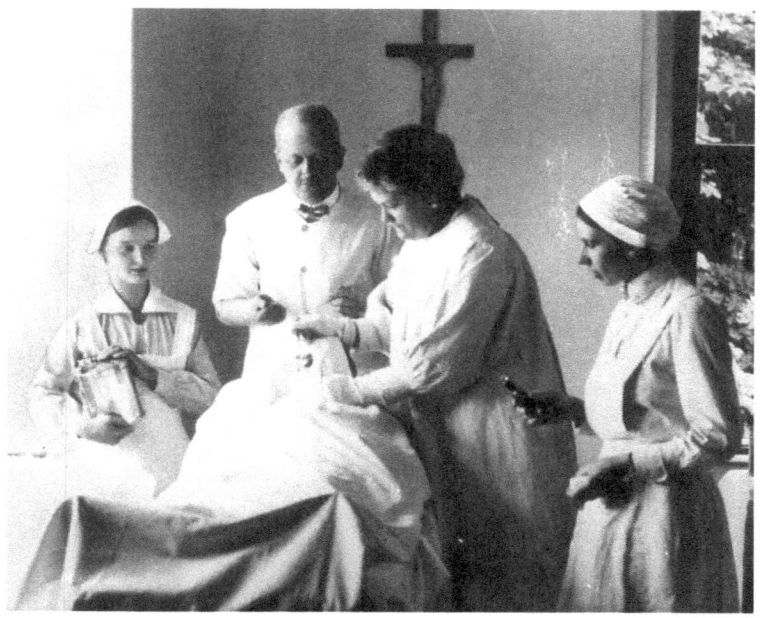

Der Fürst während einer Operation;
neben ihm seine Frau als Assistentin

Freitag, der 28. Oktober 1870: In der Nähe zu Österreich und
der Slowakei wird in einem großzügigen Jagdhaus im kleinen
ungarischen Dorf Dunakiliti (welches heute eine nach dem
Seligen benannte Volksschule ist) der gräflichen Familie Batthyány, die zu den ältesten ungarischen Adelsgeschlechtern
zählt, ein siebtes Kind geschenkt, welches eine Woche später,
am 4. November, in der kleinen Dorfkirche auf den Namen Ladislaus Johann Anton Ludwig getauft wird. Ladislaus oder auch
László: Das ist neben dem heiligen Stephan der Name des zweiten, berühmten ungarischen Nationalheiligen.

Die »Irrfahrten«

Das Kind, mit seinem Kosenamen Laci gerufen, wächst mit
seinen Geschwistern in dem kleinen Ort auf, unterbrochen von
Besuchen auf den zahlreichen ungarischen Besitztümern der
Familie. 1876 nötigt ein Donauhochwasser die Familie zur
Übersiedlung nach Kittsee in der Nähe von Bratislava, wo sie
ein Schloss besitzt.

Das Leben könnte herrlich sein. Nach menschlichem Ermessen fehlt es an nichts. Doch als Ladislaus gerade einmal neun
Jahre alt ist, geschieht die Katastrophe: Der Vater verlässt die
Familie, er lässt sich scheiden. Und nicht nur das. Der Vater
vollzieht zugleich mit dem familiären Bruch den Bruch mit der
katholischen Glaubensgemeinschaft und tritt zu den Evangeli-
schen über, um so eine zweite Ehe schließen zu können.

Dass diese Tragödie tiefe Spuren in Ladislaus, dem jüngsten
Sohn der Familie, hinterlässt, ist wenig erstaunlich, ebenso wenig wie die Tatsache, dass das Tagebuch lediglich einen Eintrag
über den Vater verzeichnet. Und es scheint gewiss, dass Lászlós
unruhige und quälende Jahre der Suche als Jugendlicher und
junger Mann nicht zu verstehen sind ohne diese familiäre Erschütterung, zu denen drei Jahre später, 1882, während seiner
ersten Internatszeit der Tod der geliebten Mutter hinzukommt,

die nach langem Leiden stirbt. Jahrzehnte später, 1926, wird Ladislaus in seinem Tagebuch anlässlich des Namenstages seiner Mutter notieren: »Mein Gott, war die Arme eine Märtyrerin! Als Frau – Bright Niere[1] –, dabei so viele Kinder, zeitweilig blind und erst ihr Herzensleid! Gott allein weiß, was sie litt!«[2]

Noch zu Lebzeiten der Mutter, als sie bereits erkrankt ist, werden Ladislaus und sein älterer Bruder Josef als Internatszöglinge in das berühmte Jesuitenkolleg in Kalksburg in der Nähe von Wien geschickt. Ladislaus ist neun Jahre alt. Das Wegsein von zu Hause setzt ihm zu. Seine schulischen Leistungen sind dürftig, sein Betragen in der Eliteschule ist mangelhaft, das Heimweh ist übermächtig. Lediglich die Musik schafft eine Art Refugium. Die Vorbereitung auf die Erstkommunion (26. Mai 1881) sowie die Aufnahme in die »Erzbruderschaft des Heiligsten Herzens Jesu« erhellen zeitweilig den tristen schulischen Alltag.

1885, der junge Graf ist nun 15 Jahre alt, wird seine schulische Ausbildung auf Anweisung des Vaters im Jesuitenkolleg im südungarischen Kalocsa fortgesetzt. Die Tristesse hält an – abgesehen vom Geschichtsprofessor P. Weiser SJ, dessen Frömmigkeit und Nächstenliebe den heranwachsenden Zögling nachhaltig beeindrucken, sodass er Jahre später zu seiner Frau sagen wird, die Kongregationsmedaille aus dem Nachlass des Paters, die ihm auf seinen Wunsch hin übergeben wurde, sei ihm das Wertvollste, und dass er eben diesem Pater eine kleine Gedenkschrift nach dessen Tod widmen werde. Abgesehen von diesem Geistlichen, der ihn versteht, ist der Schulalltag über weite Strecken deprimierend.

Nach ungebührlichen Auftritten des Zöglings – unter anderem beschimpft er einen deutschstämmigen Professor als »Sau-Preuß« – folgt im Februar 1890 ein neuerlicher Schulwechsel, diesmal an das katholische Gymnasium in Ungvár, wo er noch im selben Jahr die Matura ablegt.

Doch wie soll es nun weitergehen? Das sogenannte Reifezeugnis hat Ladislaus zwar in der Tasche, aber von einer tatsächlichen Reife kann keine Rede sein. Charakterlich neigt er zum Cholerischen. Seine seelische und geistige Instabilität zeigt sich nicht zuletzt an seiner Unsicherheit, was die rechte Studienwahl betrifft. Seine Interessen sind vielfältig und ungeordnet. Literatur, Philosophie, Musik, Astronomie, Chemie, Medizin, Psychologie sind nur einige der Studienfächer, von denen er sich vorstellen könnte, sie zu studieren. Am Ende immatrikuliert er sich im Fach »Bodenkultur«. Doch schon nach einem Semester bricht er das Studium ab, um ein einjähriges Freiwilligenjahr im Wiener K. u. k.-Husarenregiment »Feldmarschall von Radetzky« zu leisten, das er schließlich im Rang eines Leutnants verlässt.

Danach eine neuerliche Unruhe, Suche und Ziellosigkeit. Aus einer unverantwortlichen studentischen Liebschaft stammt eine Tochter, für die er zeit seines Lebens die Verantwortung übernehmen wird.

Er ist als Student der Philosophie in den Mitzwanzigern und will sich, da sein Interesse auch der Medizin gilt, ein wenig in dieser Disziplin umsehen. Der Professor, mit dem er sich diesbezüglich unterhält, nimmt dem unschlüssigen Studenten die Unsicherheit, indem er ihn auffordert, sich doch definitiv an der medizinischen Fakultät zu immatrikulieren. Gesagt, getan. Damit ist, für alle Beteiligten noch unabsehbar, der Grundstein für das spätere beeindruckende Wirken Batthyánys gelegt.

Und ein zweites Ereignis, ebenso unvorhergesehen wie wunderbar, tritt ein. Der junge Student der Medizin lernt im dritten Jahr seiner Ausbildung sprichwörtlich die Frau fürs Leben kennen. Es ist die Südtiroler Gräfin Maria Theresia von Coreth zu Coredo und Starkenberg. Ladislaus' Leben, welches in den vergangenen Jahren in ungestümen Gewässern dahintrieb, kommt zur Ruhe. Ein Jahr nach dem Tod des Vaters findet 1898 in der Votivkirche zu Wien die Heirat mit Gräfin Maria, die der Bräutigam liebevoll »Miesl« (bzw. »Misl«) nennt, statt. Zwei Jahre später schließt der ehemals Getriebene seine Studien ab und wird zum Doktor der Medizin promoviert. Alles in allem, den

Militärdienst eingerechnet, zehn lange, mitunter peinigende Jahre. »Gott allein weiß«, so ein Tagebucheintrag Batthyánys, »ob nicht die Gebete des lieben Paters der Grund waren, dass ich trotz meiner Freiwilligenjahre, dann Medizinstudien, früher Philosophie, nicht verunglückt bin und den richtigen Weg zu Gott durch Seine Gnade gefunden habe. Freilich nach Irrfahrten.«[3]

»Meine Kranken«

Die nächsten drei Jahrzehnte entwickelt Batthyány sich zu einem, der in die Geschichte eingeht. Im nordburgenländischen Kittsee und später in Körmend, Ungarn (wo auch der Familiensitz ist), gründet er zwei Spitäler. Er spricht »Ungarisch, Deutsch, Kroatisch und Slowakisch, wobei er letztere Sprache seinen Patienten zuliebe gelernt hatte«.[4] Da er vermögend ist, finanziert er die Krankenhäuser aus eigener Tasche und bezahlt teilweise auch die Gehälter der Angestellten aus seinem Privatvermögen.

Die biblische Weisung »Umsonst habt ihr empfangen, umsonst sollt ihr geben« (Mt 10,8) nimmt er wörtlich. Die Patienten, die zu ihm kommen, behandelt er kostenlos. Wenn es an allem fehlt, übernimmt er auch die Ausgaben für Medikamente, anfallende Reisekosten, fehlende Kleidung oder Schuhe oder Brennmaterial. Zwei Drittel seiner Einnahmen als Gutsherr, so geht das Gerücht, verschenkt er und dies stets ohne großtuerische Gebärde, sondern mit Diskretion und Zurückhaltung. Wohlhabende Patienten bittet er anstelle eines Entgelts um eine Gabe für die Armen.

Man könnte die Geschichte dieses »Arztes der Armen«, wie er bald im Volk genannt wird, für ein Märchen halten oder für eine arg retuschierte fromme Fabel. Gibt es das? Ein Arzt, der sich bemüht, in jedem Patienten seinen Nächsten wahrzunehmen, dessen Herz besonders für die mittellosen, Not leidenden

Kranken schlägt, der froh ist, wenn er sich für die ihm Anvertrauten in jeder Beziehung verausgaben kann, dem der Kranke kein anonymer Bedürftiger ist, sondern der Nächste, der zu ihm gehört? Ja, das gibt es. Batthyány verwirklicht diese Barmherzigkeit in seinem Leben.

»Es ist ein kolossales Glück«, schreibt er 1907, »Arzt sein zu dürfen. Und wenn ich tausendmal auf diese Welt käme, auch dann würde ich keinen Augenblick lang zaudern, lieber ein Hunger leidender Arzt zu sein, als ein Graf, der nichts für seinen Nächsten tut.«[5]

Im Ersten Weltkrieg wird sein Krankenhaus gleichzeitig als Lazarett genutzt. Ein eigenes Stockwerk für die verwundeten Soldaten wird angebaut. Außerdem ist er als Kreisarzt für die umliegenden Ortschaften zuständig. Um eine Vorstellung vom Arbeitspensum des Arztes zu bekommen, sollte man den folgenden Tagebucheintrag lesen, in dem Batthyány rückblickend schreibt:»Ja, das waren schöne Zeiten, als ich als Kreisarzt die Ortschaften Pama, Edelsthal, Kittsee hatte und noch mein Spital mit 70 Betten mit schweren chirurgischen Operationen, eigentlich ganz allein! Damals waren in der Früh 1–2 große Operationen, dann begann erst die Ambulanz, bis 80 Kranke, viele ambulante Operationen, dann alle Kriegsverletzten verbinden. Todmüde kam ich zum Essen und Nachmittag kamen die Fahrten zu den Kranken nach den Ortschaften Edelsthal – ganze Epidemien von Dyphteritis, Impfung der Schulkinder, Spanische Krankheitsepidemie in Pama. Und die Nacht war auch nie sicher; einmal um 1 Uhr nachts schwere Bauchoperation, Darmblutung.«[6]

Sorgen lindern, Schmerzen lindern, helfen, wo Hilfe nottut: Das ist sein tägliches Credo. Tagein, tagaus behandelt er etwa hundert Patienten. Seine Lieblingsdisziplin ist die Chirurgie, und sein Spezialgebiet ist die Augenheilkunde, der er sich auf den Rat von Freunden hin schließlich widmet. Als seine jüngere Schwester Elisabeth ihn fragt, warum er sich ausgerechnet auf die Augenheilkunde spezialisiert habe, antwortet er:»Weil das

Auge der Spiegel der Seele ist – und wenn es mir mit Gottes
Hilfe gelingt, jemandem das Augenlicht zurückzugeben, dann
kann ich gewöhnlich auch auf seine Seele Einfluss ausüben.
Denn so dankbar sind jene, die blind waren und wieder sehen!«[7]
Unter den Chirurgen, die Staroperationen vornehmen, zählt
er zu den besten seines Fachs. Er notiert:»In Körmend waren
i. J. 1920 5605 Kranke, dann meistens ca. 3000 pro Jahr. Operationen waren in Körmend 1010 bis Ende 1925, nun fehlen
noch die Kittseer Jahre. Im Ganzen dürfte ich Stare allein an
1700 operiert haben! Gott segne alle, *ut omnes lumen verum in
aeternitate perspicerent!*«[8]

Ausländische Kollegen, mit denen Batthyány seine Erfah-
rungen austauscht und die ihn in seiner Klinik aufsuchen, sind
begeistert von der Ausstattung der Krankenzimmer, der Opera-
tionsräume sowie der benutzten vorzüglichen Apparaturen und
Instrumente. Für das Wohlergehen der Patienten ist ihm kein
Aufwand zu groß, kein Weg zu weit. In das Krankenhaus in
Kittsee investiert er laut Angaben der Familie mehr als zwei
Drittel seiner Einkünfte.

Jeder, der ihn erlebt, versteht oder ahnt, dass er nicht zu denen gehört, die routiniert ihre ärztliche Tätigkeit absolvieren
und sich nach getaner Arbeit von der Verantwortung dispensie-
ren. Die eigentliche Herausforderung, das Mit-Leiden mit den
ihm Anvertrauten, ist nach Dienstschluss nicht zu Ende. Der
wohlfeile, scheinbar humane Ratschlag, man müsse sich vor zu
viel Mitleid hüten, greift bei Dr. Ladislaus Batthyány-Strattmann nicht. Im Tagebuch heißt es bezeichnenderweise:»Ab-
wechslungsreich ist das Leben eines Arztes, aber auch inhalts-
schwer: trägt man doch die Leiden der anderen außer den
eigenen, und trägt meistens mehr, als wirklich eintritt, da man
ja die eventuellen Komplikationen auch mitfühlen muss, die
eintreten könnten. Und doch – ein Tag ohne Hilfe für den
Nächsten ist so leer für einen Arzt!«[9] Und an anderer Stelle
heißt es:»Ich habe so das innere Gefühl des Mitschwingens
meiner Seele mit dem Kranken, seinen Sorgen und Leiden. Er

hat gleich das Gefühl: Der will mir helfen, versteht meine Lei-
den, liebt mich aus Nächstenliebe, die in Gott gründet.«[10]
Wen wundert es, dass die Patienten ihren Doktor verehren.
Ein Zeugnis möge für unzählige andere stehen. Eine Patientin,
die sich als Schulkind durch eine große Geschwulst an der
Schläfe in bedrohlichem Zustand befindet, kommt, nachdem
ein Oberarzt sie nach Körmend überwiesen hat, zum »Fürsten-
Doktor«. Der Empfang ist herzlich. Dem Kind wird durch das
gütige, freundliche und kindgerechte Verhalten des Doktors die
Angst genommen, während bereits die Vorbereitung zur Operation im Gange ist. Diese ist nicht ungefährlich; doch sie glückt.
»Ich verbrachte«, so erinnert sich die Patientin Jahre später,
»einige Tage in der Klinik. Jeden Tag untersuchte der Fürsten-
Doktor meinen Kopf. Er war sehr freundlich zu mir und ich
habe ihn sehr lieb gewonnen. Nachdem ich das Spital verlassen
hatte, musste ich noch eine Zeit lang alle drei bis vier Tage zu
ihm kommen, damit er mir den Verband wechselte. Ich ging
immer sehr gerne ins Schloß, denn er war so freundlich und lieb
zu mir. Als ich mich dann endgültig von ihm verabschiedete,
fragte ihn meine Mutter, was sie ihm schuldig sei. Er behandelte die Kranken gratis, jeder wusste das, und auch wir mussten
nichts zahlen. Umso mehr ermunterte er uns aber, auf Gott zu
vertrauen, dann könne uns nichts Böses geschehen. Zum Abschied zeichnete er mir mit dem Finger ein kleines Kreuz auf
die Stirn.«[11]

Die Familie

Batthyánys Leben ist nicht denkbar ohne sein Familienleben.
Es ist eine glückliche Ehe. Dreizehn Kinder entstammen der
harmonischen Verbindung, zwei Kinder sterben in frühem Alter. Der Erstgeborene, Sohn Ödon (Edmund), stirbt zur großen
Bestürzung aller in der Blüte seiner Jugend im Alter von 21 Jahren. Die Eintragungen im Tagebuch, die von den schmerzlichen

Tagen und Stunden berichten, in denen der Sohn qualvoll dahinsiecht (»Die letzten paar Tage seines Lebens waren für ihn ein wirklicher Gang auf den Kalvarienberg. Er hatte unsäglich viel zu leiden.«[12]), betreut von seinem Vater, der die letzten ohnmächtigen medizinischen Vorkehrungen trifft, sind erschütternd. Dass der Vater an diesem Schicksalsschlag nicht zerbricht, dass er als Arzt an seiner Ohnmacht dem geliebten kranken Kind gegenüber nicht verzweifelt, ist der Tatsache zu verdanken, dass er die Prüfung im Glauben annimmt und in der Familie den unverrückbaren Halt findet.

Die Familie: Sie ist Hort, Refugium, Geschenk und unfassbares Heiligtum. »Meine Kinder und meine Kranken, das sind meine Schätze«,[13] so das Familienoberhaupt, das 1915 nach dem Tod seines Onkels Oberhaupt der gesamten weitverzweigten Familie wird und von Kaiser Franz Joseph den Fürstentitel verliehen bekommt.

Seine Frau ist ihm die geliebte, hingebungsvolle, treue Gefährtin. Er allein weiß, was er ihr schuldet. Um ihrem Mann auch in seiner medizinischen Arbeit zur Seite zu stehen, lässt sie sich zur Operationsschwester ausbilden und assistiert ihm fortan bei seinen chirurgischen Eingriffen. Die innige Gottverbundenheit verbindet beide, zugleich der tatkräftige, pragmatische Sinn, der vor Herausforderungen nicht zurückschreckt, sondern beherzt zupackt. Und sie teilt mit Ladislaus das große Herz für die Armen, ohne welches die Arbeit bloße Beschäftigung wäre, nicht jedoch der Dienst, der beiden am Herzen liegt: »Wie herzig und lieb meine Miesl, wenn sie so neben mir kniet, die Tränen in den Augen flehend für einen Armen! Da muss ich mich zu ihr knien, um mich zu sonnen in den Strahlen der Nächstenliebe, die aus ihrem Herzen kommen.«[14]

Was Batthyány 1907 aufschreibt, das gilt nicht nur für die vergangenen Jahre ihrer Ehe, sondern für ihre ganze, gemeinsam durchlebte Zeit: »Wir leben nun schon seit 9 Jahren unsere Ehe in Herz und Seele wie eine einzige Person zusammen. Und je mehr Jahre vorbeigehen, umso inniger und lieblicher werden die Bande, die uns fürs Leben miteinander vereinen. Tag für Tag lieben wir einander mehr und mehr.«[15]

Das berühmte »Hohelied der Liebe« des Apostels Paulus im 13. Kapitel des ersten Korintherbriefes ist für sie maßgebend. Die bloße Erwähnung des heiligen Textes genügt, um die Richtung zu weisen und beide wachsen zu lassen im Bemühen um die je größere Nächstenliebe: »Misl und ich sagen uns oft als Schlagwort *Korintherbrief*, und dann weiß sie und ich, was zu tun ist.«[16]

Der Fromme

Es ist zu Beginn der heiligen Messe in der Schlosskapelle zu Körmend. Der Priester betet das vorbereitende Stufengebet. Neben ihm kniet der Fürst als Ministrant und betet seinerseits die entsprechenden Gebete. Hier in der demütigen Haltung am Altar findet der Fürst zur Mitte seines Lebens. Hier ist sein Schwerpunkt, die Sonne, die nicht untergeht.

Die Rede von einem tiefreligiösen Menschen bedeutet heute für viele Menschen nichts mehr. Hier jedoch im Leben des Fürsten strahlt dieser Hinweis in unversehrter Reinheit auf. Batthyány lebt die beiden Gebote, die laut dem Herrenwort die maßgeblichen sind, die Gottesliebe und die Nächstenliebe. Aus der ersten erwächst die zweite, und jede Nächstenliebe, die Bestand hat, wurzelt in der Gottesliebe, »denn die Eigenschaften, die wir im Menschen hoch schätzen auf Erden«, so Batthyány, »sind Rechtschaffenheit, Wahrhaftigkeit, Nächstenliebe, und alle diese und die anderen nicht aufgezählten sind ja natürliche Folgen der Gottesliebe«.[17] Dabei weiß der Fürst durchaus, dass die Nächstenliebe weder von Gefühlen noch Stimmungen abhängt, sondern konsequentes Handeln verlangt, auch gegen egoistische Anwandlungen: »Die wahre Nächstenliebe zeigt sich in der Tat! Also auch im Opfer!«[18]

Zu seiner Frömmigkeit gehört auch, dass er keinen Standesdünkel kennt. »Eigentlich ist jeder Mensch«, so sein Bekenntnis, »nur so viel wert, als er vor dem lieben Gott wert ist.«[19] In das gleißende Rampenlicht drängt er sich nicht. Dabei könnte er aufgrund seiner vielfältigen Verpflichtungen und Auszeichnungen – unter anderem ist er Mitglied der Ungarischen Akademie der Wissenschaften, gewählter Repräsentant des ungarischen Oberhauses sowie Patronatsherr von 13 Pfarrkirchen – durchaus seine glänzende Position herausstellen. Die Bescheidenheit, die er vorlebt, ist keine Vortäuschung, sondern eine noble Haltung. Er weiß um den dummen Stolz, das Aufgeblähtsein, das eitle Sich-zur-Schau-Stellen. Geschwätz und Salonkonversationen sind ihm zuwider. Er bleibt, obwohl schon zu Lebzeiten eine Berühmtheit und ein im In- und Ausland anerkannter, geschätzter und geliebter Arzt, der einfache Diener des Evangeliums, der Knecht, der sich müht, täglich mehr in der Liebe zu wachsen. »Wie gut ist es, wenn wir mit dem berühmten Haydn die Worte sagen, die er ausrief, als man ihm stürmische Ovationen bei der Aufführung einer seiner berühmten Symphonien brachte: *Non mihi, sed Deo sit gloria!*«[20]

Da ihm die Heilkunst im wahrsten Sinne des Wortes Heilkunst ist, nämlich die Kunst, in welcher der eigentliche Heiler der Heiland ist, hängt in den Krankenzimmern selbstverständlich das Kruzifix. Seine Operationen beginnt er mit einem Gebet, die zu operierende Stelle bezeichnet er mit dem Kreuzzeichen. Will ein Patient dem Arzt überschwänglich danken, weist er ihn darauf hin: »Du musst dich beim Herrgott bedanken.« Deshalb ist es nur folgerichtig, dass nach einem geglückten Eingriff Arzt und Patient gemeinsam dem lieben Gott Dank sagen.

Denn dieser besondere Doktor will nicht nur die Augen des Leibes öffnen, sondern zugleich die Augen der Seele. In einer kleinen Schrift mit dem Titel »Öffne deine Augen und sieh!« legt er seine tiefen Herzenswünsche offen. Das Augenlicht einem Patienten wieder zu schenken, ist das eine. Größer noch ist das

Zweite: die Seele des anvertrauten Kranken zu berühren und an der Öffnung des Leidenden mitarbeiten zu dürfen für das Wirken der Gnade, was im Letzten meint: helfen zur Wahrnehmung der je größeren, herrlichen Wahrheit.

Und damit der Entlassene auch nach dem Abschied aus dem Spital den eigentlichen Heiler nicht vergisst, erhält er beim Weggang noch ein besonderes Andenken vom Doktor – ein kleines Herz-Jesu-Gebetsbildchen, auf dem die von Batthyány verfassten Worte stehen: »Nimm dieses Bildchen als fromme Erinnerung an unser Spital, und wenn Du glaubst, uns etwas Dank zu schulden, so bete für uns alle. Du bist zu uns gekommen, um für Deinen Körper Gesundheit zu finden, vergiss aber Deine unsterbliche Seele nicht, die so kostbar ist, dass Christus am Kreuze für sie starb. – Das Leben ist so kurz, und in einer kleinen Weile stehst auch Du vor dem Richterstuhl Gottes, der uns lehrt: ›Was nützt es dem Menschen, wenn er die ganze Welt gewänne, an seiner Seele aber Schaden litte.‹ – ›Sammelt euch Schätze im Himmel, wo sie weder Rost noch Motten verzehren.‹ Gehe also bald zu den heiligen Sakramenten, denn nur Deine guten Werke werden Dich im Grab beglücken. Nimm die Worte aus Freundes Mund, bedenke sie oft, und das göttliche Herz, dessen Bildchen hier ist, gebe Dir seinen Segen dazu.«[21]

»Et Charitate«

Auf dem fürstlichen Familienwappen sind im Innersten zwei prominente Wappentiere abgebildet: der Löwe und der Pelikan. Der Löwe gilt von alters her als das heraldische Symbol der Stärke, der Kraft, des Kampfes und des Mutes. Der Pelikan, der bereits als frühchristliches Zeichen in der Ikonografie auftaucht, öffnet mit seinem Schnabel die eigene Brust, um mit dem so vergossenen Blut seine toten Jungen wiederzubeleben, und er weist damit allegorisch auf den Opfertod Jesu Christi und die von ihm eingesetzte Eucharistie hin.

Der Schriftzug unterhalb der beiden Wappentiere lautet: *Fidelitate et Fortitudine* – »In Treue und Tapferkeit«. Fürst Ladislaus wird dieses generationenalte Motto zu seinen Lebzeiten ändern. Fortan heißt es: *Fidelitate et Charitate* – »In Treue und Liebe«.

Diese Änderung ist bezeichnend. Denn die Kraft zu seinem aufopferungsvollen Leben erhält Dr. Ladislaus Batthyány-Strattmann, wie bereits erwähnt, aus der heiligen Messe und dem Empfang der heiligen Kommunion. In Körmend versammelt sich die ganze Familie jeden Tag um halb acht Uhr in der Frühe in der Schlosskapelle. Seit 1905, als Pius X. das Dekret *Sacra Tridentina Synodus* über den häufigen und täglichen Empfang der Kommunion veröffentlicht hat, tritt der Fürst jeden Tag zum Altar des Herrn. Er lebt aus der heiligen Speise, sie ist ihm Tag für Tag Wegzehrung. Und die Liebe des göttlichen Meisters, die den fürstlichen Diener prägt, führt und verwandelt, will schließlich im Wappen der Familie auch verkündet werden. Denn die Liebe, so der heilige Paulus, der Herold der Liebe, hört niemals auf, die Liebe ist unter allem das Größte.«

»Deo Gratias!«

Was bleibt, ist das, was sein ganzes Leben als Familienvater, Arzt und Wohltäter prägte: eine tief empfundene Dankbarkeit: Dankbarkeit für das Leben. Dankbarkeit für die Familie. Dankbarkeit für den Beruf des Arztes. Dankbarkeit für die lieben Kranken. Dankbarkeit für alles, denn in allem waltet Gott.

Eine Tante des Arztes berichtet: »Ein armer Handwerker hatte sich beide Augen schwer mit Kalk verbrannt – ein Auge war gleich verloren, das zweite schien unrettbar. Nun beteten Laci (Ladislaus) und seine zahlreiche Familie für die Rettung und der liebe Gott erhörte sein Gebet. – Als Laci von dem geheilten Mann Abschied nahm, kniete der Kranke sich nieder, daraufhin Laci auch – und so fanden wir die beiden vor, wie sie gegenüber am Boden knieten und Gott dankten. Es war sehr rührend, Laci holte dann noch aus seinem eigenen Kasten Schuhe und Wäsche und so schieden sie.«[22]

Fünf Jahre vor seinem Tod, am 19. Juni 1926, notiert er in seinem Tagebuch: »[...] Bin dem lb. Gott so dankbar, dass er mich den ärztlichen Beruf wählen ließ und mit ungemein viel Liebe mich lenkte und leitete, bis ich mein Diplom und dann mein Spital hatte. – Zuvor studierte ich ja an der Hochschule für Bodenkultur, dann Philosophie bis zum Schluss des Abiturzeugnisses. – Dazwischen war ich auf der Sternwarte, errichtete eine in Feldbár. – Dann war Chemie mein Steckenpferd. – Dann nahm ich, nur um mich auszubilden, ohne an Arzt werden zu denken, Sprechstunden über ärztliche Themen. – Suchte dazu jemanden und dieser jemand, Dr. Vécsey, fragte mich nach ein paar Konversationsstunden: warum ich mich nicht gleich einschreiben lasse als Student an der Universität. – Ich dachte, es ginge gar nicht mehr. Er aber war der richtige Mann dazu, inskribierte mich sofort, man rechnete 2 Semester Philosophie ein, und ich war plötzlich im zweiten Jahr Medizin, dann half der liebe Gott weiter, ich studierte, verheiratet, noch weiter und wurde in Wien promoviert. Deo Gratias!«[23]

Als er, schwer von einer Krebserkrankung gezeichnet, über ein Jahr im Wiener Sanatorium Löw liegt und »mehr als tausend Krampfanfälle durchmachen musste«[24], will er, wenige Stunden vor seinem Tod, weiterhin von der Güte Gottes Zeugnis geben und bittet daher die Familie: »Tragt mich auf den Balkon, damit ich in die Welt hinausschreie, wie gut der liebe Gott ist!«[25]

Am 22. Januar 1931 nimmt ihn der liebe Gott zu sich: »Zu Wien, um zehn Uhr abends«, wie die Todesanzeige vermerkt, »nach 14 Monaten schwerstem, mit größter Geduld und Gottergebung ertragenem Leiden, im 61. Lebensjahre und im 33. Jahre seiner glücklichsten Ehe, versehen mit den heiligen Sterbesakramenten, nachdem er seit 1905 täglich die heil. Kommunion empfangen hat.«[26]

Der tote Fürst wird drei Tage im Schloss Körmend aufgebahrt. Geistliche, Verwandte, Freunde, Angestellte, Patienten, Arme, Geheilte, Menschen aus Nah und Fern – die Schar der Kondolierenden ist gewaltig, »an die 10 000 Menschen [zogen] an dem von mehr als 130 Kränzen bedeckten Sarg vorbei, um von dem Wohltäter Abschied zu nehmen«.[27] Jeder weiß, dass ein Großer heimgegangen ist.

In seinem Testament hatte der Fürst geschrieben: »Als eine der Hauptaufgaben meines Lebens habe ich mir zum Ziel gesetzt, mit meiner ärztlichen Tätigkeit der leidenden Menschheit zu dienen und auf diesem Wege Dinge zu vollbringen, die Gott wohlgefällig sind.«[28]

Und die Dinge waren Gott wohlgefällig.

Am 23. März 2003 wird der Arzt der Armen, Fürst Dr. Ladislaus Batthyány-Strattmann, der seine letzte Ruhestätte in der Familiengruft im Franziskanerkloster zu Güssing gefunden hat, von Papst Johannes Paul II. in Rom seliggesprochen.

Aussprüche des Seligen

»Ich liebe meinen Beruf. Der Kranke lehrt mich, Gott immer mehr lieben, und ich liebe Gott in den Kranken, der Kranke hilft mir mehr als ich ihm! Er bedeutet für mich alles und überhäuft mich und meine Familie mit Gnaden. Der Kranke macht mich dank Gottes Güte zu einem Simon von Cyrene, indem ich helfe, das Kreuz Christi zu tragen, das Kreuz des Nächsten durch Nächstenliebe!«[29]

»Mein Ideal wäre es, einige Hundert Betten zu haben in meinem Lieblingsfach Chirurgie und Augen und auch Interne! Wie könnte ich da Sorgen, Schmerzen lindern helfen! Und Leute – gut auf den Tod vorbereitet –, wenn Gott es schon will, für die Ewigkeit stärken.«[30]

»Ich war wieder in meinem alten Element, in der ärztlichen
Arbeit. Da kann man so viel Wärme des Herzens austeilen,
die armen Kranken suchen ja so viel Liebe! Gott gebe mir,
dass ich zu seiner Ehre recht vielen helfen kann. Recht viele
sehend machen, recht viele trösten, ihre Herzen zu Gott
führen! Sie mögen alle durchwärmt werden von der Liebe,
von einer Liebe, aus der sie alle heraus spüren, dass ihre
Wurzel in der Liebe Gottes ruht!
Gib mir, Herr, Gnade über Gnade hierzu!«[31]

»Vor ein paar Tagen der Zungenkrebs mit grausiger Operation, gestern die freudige Entbindung eines Kinderl, heute
hatte ich drei Stare in meinem Spital. Vor all diesen Freuden
und Leiden weiß die moderne Menschheit in Klubfauteuiles
bei Sherry nichts! Und doch tausche ich mit niemandem,
und 1000 mal geboren, sage ich 1000 mal meinem Gott im
Himmel: »Herr, lass mich wieder Arzt werden, aber für
Dich, zu Deiner Ehre arbeiten!«[32]

Giuseppe Moscati

25. 7. 1880 – 12. 4. 1927

Die Wissenschaft
oder
»LIEBE DIE WAHRHEIT«

Bronzestatue des Heiligen von Pierluigi Sopelsa
in der Kirche Gesù Nuovo, Neapel,
wo sich Moscatis Grab befindet

Es ist der 13. Februar 1927. In Neapel findet in der Medizinisch-Chirurgischen Akademie eine Konferenz statt, auf welcher der bekannte Psychiatrieprofessor, Gehirnforscher und ehemalige Bildungsminister Leonardo Bianchi spricht. Bianchi gehört zu den Wissenschaftlern, deren Credo ein streng positivistisches ist. Sein Hauptwerk ist die *Meccanica del cervello* (»Die Mechanik des Gehirns«). Der Mensch gilt gleichsam als eine Art Maschine, die analysiert und erforscht wird. Die Frage nach der Geschöpflichkeit des Menschen, gar die Frage danach, ob der Mensch als das der Transzendenz fähige Wesen (Augustinus sprach davon, dass der Mensch *capax Dei* sei, also *gottfähig)* nicht mehr ist als seine biologisch messbaren Funktionen, diese Frage wird bewusst ausgeklammert.

Als der berühmte Redner, der umgeben ist von Professoren, Ärzten und Studenten, schließlich aufsteht, passiert das Unvorhergesehene: Professor Bianchi bricht zusammen.

Und etwas weiteres Unvorhergesehenes geschieht. Es ist offensichtlich, dass die Augen des Sterbenden jemanden aus dem Auditorium suchen. Dieser Jemand ist der Arzt Giuseppe Moscati, der den stummen, flehentlichen Ruf des Sterbenden schlagartig erfasst. Er geht zu dem Todgeweihten und kniet an seiner Seite nieder. Bianchi umklammert die Hand Moscatis. Es ist sehr still im Raum, als Moscati den Auftrag erteilt: »Ruft einen Priester!«

Und dann betet Moscati neben dem Sterbenden laut die katholischen Reuegebete, die der am Boden Liegende stammelnd nachspricht.

Moscati, dessen Leben nur knapp zwei Monate später ebenfalls zu Ende gehen wird, schreibt wenige Tage nach dem Tod Bianchis an dessen Nichte, eine Ordensschwester, einen Kondolenzbrief. Darin heißt es: »An Ihrem Onkel hat sich bewahrheitet, was die Parabel des Evangeliums sagt: Die zur elften Stunde kommen, werden den gleichen Lohn empfangen wie die zur ersten Stunde Gerufenen. Ich spüre noch immer den Blick, der mich dort unter den vielen Menschen suchte. Leonardo Bianchi wusste um meine religiöse Einstellung, denn er kannte mich seit meiner Studentenzeit. Ich ging zu ihm hin und betete ihm die Worte der vertrauenden Reue vor, während er meine Hand hielt, kaum noch fähig zu sprechen.«[1]

Diese Zeilen Moscatis sind umso erstaunlicher, wenn man bedenkt, was der Briefschreiber zusätzlich notiert: »Ich wollte nicht zu jener Konferenz gehen, da ich mich schon eine Zeit lang von der Universität ferngehalten hatte. Aber an jenem Tag drängte mich eine übernatürliche Macht dorthin, der ich nicht zu widerstehen vermochte.«[2]

In dieser kurzen Episode aus dem Leben des heiligen Arztes Giuseppe Moscati lässt sich wie in einem Brennpunkt bündeln, was Moscati auszeichnet. Hier ist ein Mensch, der als Arzt sich zeit seines Lebens um das leibliche Wohl seiner Patienten sorgt, der aber darüber nie vergisst, dass die Seele der Patienten gleichfalls ihre Rechte beansprucht, denn diese Seele ist kein Konstrukt fanatischer Theologen, sondern Realität, ja die Wirkmacht, die den Leib, den gesunden wie den kranken, formt und zusammenhält.

Darum wird Moscati nicht müde, seinen Studenten und seinen Kollegen das Wesentliche in stets neuen Anläufen zu vermitteln. Er spielt nicht den medizinischen Beruf gegen die Seelsorge aus. Das wäre platte Verkürzung. Was er tut, ist, die Gewichte recht zu justieren: »Selig sind wir Ärzte, die wir oft nicht in der Lage sind, Krankheiten zu heilen, selig, wenn wir uns daran erinnern, dass wir in der Gegenwart von Kranken nicht nur Körper zu heilen haben, sondern auch göttliche und ewige Seelen, und wir sie lieben müssen wie uns selbst.«[3]

Die Medizin

Wie es überhaupt dazu kommt, dass Moscati, der als siebtes von neun Kindern aus einer angesehenen Juristenfamilie stammt, nicht gleichfalls die juristische Laufbahn einschlägt, sondern die Medizin wählt, entzieht sich genauer Kenntnis. Einer seiner Biografen erwähnt eine frühe Reminiszenz Moscatis, in der es heißt: »Als Knabe schaute ich mit Interesse auf das ›Krankenhaus der unheilbar Kranken‹, auf das mein Vater mich von der Terrasse unseres Hauses hingewiesen hatte. Der Anblick gab mir Empfindungen des Mitleids ein mit dem namenlosen Leid, das in jenen Mauern gelindert wurde. Eine heilsame Verwirrung erfasste mich, und ich fing an, an die Hinfälligkeit aller Dinge zu denken, und die Illusionen vergingen, so wie die Blüten von den Orangenbäumen fallen.«[4]

Und die Illusionen vergingen ... Moscati ist 13 Jahre alt, Gymnasiast in Neapel, als ihm die Hinfälligkeit der Dinge in der eigenen Familie drastisch vor Augen geführt wird.

Einer seiner Brüder, Alberto, der 10 Jahre älter als Giuseppe und 19-jährig zum Artillerieleutnant in der Militärakademie zu Turin avanciert ist, kehrt 1893 zu seiner Familie nach Neapel zurück. Er ist schwer krank. Was ist passiert? Bei einer Militärparade ist der versierte Reiter Alberto vom Pferd gestürzt und mit dem Kopf auf dem Boden aufgeprallt. Danach ist er für immer gezeichnet. Der Sturz hat schwere Hirntraumata ausgelöst, die trotz etlicher Kuren und Therapien nicht heilen. Alberto, der seinen Zustand ein Jahr lang vor der Familie geheim hält und auf Heilung hofft, muss schließlich 1893 krankheitsbedingt seinen Militärdienst aufgeben und nach Hause zurückkehren. Er ist Invalide; schwere epileptische Anfälle und Krämpfe beeinträchtigen ihn sein Leben lang.

Giuseppe, der jüngere Bruder, sitzt oft bei Alberto, nimmt wahr, wie viel Pflege der Kranke braucht, und erkennt die körperlichen und seelischen Bedürfnisse seines Bruders. Vier Jahre später, 1897, immatrikuliert er sich im Fach Medizin an der Fakultät in Neapel. Nur zwei Monate später, im Dezember desselben Jahres, stirbt plötzlich sein Vater im Alter von 61 Jahren. Der Tod des Familienoberhauptes, das noch die Sterbesakramente empfangen kann, ist für alle ein Schlag. Giuseppe – dies geht aus seinen Aufzeichnungen hervor – hat seinen Vater sehr verehrt. Oftmals begleitet er den angesehenen Juristen zur heiligen Messe. Das väterliche Vorbild strahlt auf die gesamte Familie aus und ist prägend für das Leben des Sohnes, dem die Güte des Vaters, seine Autorität, seine durch und durch unprätentiöse, sichere, gefestigte Frömmigkeit unvergessen bleiben. Und Giuseppe eifert diesem Vorbild nach.

1903 wird er zum Doktor der Medizin promoviert. Seine Leistungen sind hervorragend und das wird so bleiben. In den etwas mehr als 20 verbleibenden Jahren bis zu seinem Tod wird er in der wissenschaftlichen Welt als medizinischer Experte bekannt und anerkannt. 1911 wird er zum Privatdozenten in Physiologischer Chemie ernannt. Etliche Publikationen tragen seinen Namen, »seine Forschungen über Art und Wirkung des Glykogens«, so einer seiner Biografen, »erregten Aufsehen in der Fachwelt.«[5] Doch trotz seines exzellenten fachärztlichen Rufs und seiner späteren Professoren- und Dozententätigkeit, die eine lukrative Karriere, Ruhm und Prestige geradezu nahelegen, wählt Moscati den Weg der Einfachheit und des unauffälligen Dienstes bei den Kranken. Er bleibt exakt dort, wohin sein früher kindlicher Blick einst gerichtet war: im *Ospedale S. Maria degli Incurabili*, im »Krankenhaus der unheilbar Kranken«.

Und er ist von Anfang an der Arzt, der im leidenden Patienten mehr wahrnimmt als den Bettlägerigen, den Kranken, der auf Hilfe angewiesen ist. Da Moscati sich angewöhnt, die Morgenmesse zu besuchen und die heilige Kommunion zu empfangen, bevor er seinen Dienst aufnimmt, wird seine Arbeit im Krankenhaus dadurch verwandelt. Im Patienten begegnet ihm das Antlitz des leidenden Christus, und dies ist für ihn keine fromme Phrase, sondern eine tatsächliche Erfahrung. Es ist das, was Mutter Teresa Jahrzehnte später immer wieder betonen wird: dass das Brot des Lebens, welches der Gläubige in der heiligen Kommunion empfängt, derselbe Leib ist, den man berührt, wenn man den Leib des Kranken, des Aussätzigen, des Armen berührt.

Und Giuseppe Moscati berührt die Armen auch unter Lebensgefahr. Als im April 1906 der Vesuv ausbricht und die Dorfbevölkerung an den Abhängen des Berges akut gefährdet ist, begibt sich Moscati freiwillig in die Gefahrenzone, um den heimgesuchten Menschen beizustehen. Er sorgt unter Lebensgefahr dafür, dass in der Kleinstadt Torre del Greco, die nur wenige Kilometer vom Krater entfernt liegt, Alte und Kranke aus dem städtischen Krankenhaus evakuiert werden. Es gelingt ihm, alle Patienten ins Freie zu bringen. Danach stürzt das Gebäude unter dem Aschenregen und dem Lavagestein ein. Als er zwei Tage danach den Generaldirektor des Gesundheitswesens in einem Brief ersucht, den ehrenamtlichen Helfern eine Belohnung zukommen zu lassen, bittet er im selben Brief: »Ich bitte Sie, erwähnen Sie meinen Namen nicht, um keine Asche aufzuwirbeln!«[6]

Fünf Jahre später, als in Neapel eine furchtbare Choleraepidemie ausbricht, ist Moscati wiederum zur Stelle und schont sich nicht. Er geht in die Elendsquartiere, hilft selbstlos Tag und Nacht, ordnet Rettungsmaßnahmen an und koordiniert die Hilfstrupps. Im Ersten Weltkrieg meldet er sich zum Einsatz, wird aber abgelehnt. Dies veranlasst ihn, ein Krankenhaus für die Kriegsverletzten zu eröffnen, in dem er schätzungsweise 3000 Soldaten betreut. Dies alles geschieht in einer unspektakulären Weise, bei der es nicht um Sensationen und ein Im-Rampenlicht-Stehen geht, sondern um das Notwendige, das es zu tun gilt.

Die Liebe

In einem Tagebucheintrag Moscatis, adressiert an die »Jungfrau Maria«, liest man: »Das Leben ist jetzt für mich eine Pflicht. Du vereinst meine wenigen Kräfte, um sie für meine Mission umzuwandeln. Allzu sehr hat mich die Nichtigkeit der Dinge, vielleicht der Ehrgeiz, stärker an Wissen und Geist erscheinen lassen, als ich wirklich bin.«[7]

Es ist das Geheimnis seines Dienstes, welches mehr und mehr sichtbar wird. Sein Vorhaben, bei den Jesuiten einzutreten, scheitert. Man rät ihm, seine Aufgaben in der Welt fortzusetzen. Und er beginnt, seine Sendung zu verstehen. Nicht er, Moscati, ist der große Arbeiter, sondern der Herr, der sich seiner bedient, um zu den Menschen, zumal den Leidenden, zu kommen. Moscati bezieht seine Kraft, wie könnte es anders sein, auf den Knien vor dem Tabernakel. Bevor er seine Patienten untersucht, macht er sich der Gegenwart Gottes bewusst. Kranke, zumal solche, denen eine Operation bevorsteht, ermutigt er, die Sakramente zu empfangen. Für manche kranken Menschen vermag er auf wundersame Weise eine Diagnose zu erstellen und sie zu kurieren, ohne sie auch nur persönlich gesehen zu haben.

Sein Beichtvater ist Pater Pio, der stigmatisierte Kapuzinermönch, der Jahre später weltweite Berühmtheit erlangt. Wenn es die Umstände erlauben, ministriert Moscati beim heiligen Messopfer. Seine Liebe zur Muttergottes bleibt lebenslang bestehen, sie beginnt in früher Kindheit. Am Hochfest der ohne Erbsünde empfangenen Gottesmutter Maria, dem 8. Dezember, empfängt er die Erste heilige Kommunion. Der Rosenkranz ist sein ständiger Begleiter. In einer Kirche legt er in jungen Jahren vor dem Bild der Muttergottes sein Keuschheitsgelübde ab. Das Angelusgebet strukturiert wie selbstverständlich seinen Tagesablauf. Dieser ist randvoll gefüllt mit Visiten (in Notfällen auch nachts), Operationen, Untersuchungen, Besprechungen, Vorlesungen, Forschungsarbeit, wissenschaftlicher Publikationstätigkeit, Erledigung von Verwaltungsaufgaben und außerdem mit der Patientenbetreuung in der Privatpraxis zu Hause. Oft genug geschieht es, dass er mittellose Patienten ohne Honorar behandelt oder einen Patienten mit einem Kuvert, in dem sich ein Rezept und ein 50-Lire-

Schein befinden, nach Hause schickt, damit dieser das Rezept einlösen kann.

Er setzt sich als Arzt ein, ohne zu murren und ohne sich wichtig zu machen, denn er liebt seinen Beruf. Er weiß um das hohe Ethos des Arztes, wird nicht müde, seinen Studenten die Schönheit des medizinischen Auftrags zu vermitteln und sie anzuspornen, Ärzte zu sein, die sich ihrer großen Verantwortung bewusst sind. Er ist Mitglied der »Königlichen Akademie der Chirurgischen Medizin« und Leiter mehrerer Krankenhäuser. In seinem Laboratorium forscht er unermüdlich. Er gehört zu den Pionieren der Insulin-Forschung und der modernen Biochemie. Aber er weiß zugleich um die Begrenztheit jeder menschlichen Erkenntnis und um den Fehlschluss, der Wissenschaft einen unfehlbaren, absoluten Rang zu geben, der ihr nicht zusteht.

In einem Brief vom 4. September 1921 heißt es: »Bedenken Sie, dass Sie mit dem Beruf des Arztes eine große Sendung auf sich genommen haben. Harren Sie darin aus mit Gott im Herzen, mit den Lehren Ihres Vaters und Ihrer Mutter vor Augen, mit Liebe und Mitgefühl für die Verlassenen, mit Glaube und Begeisterung, taub für Lobsprüche, unbeugsam gegenüber dem Neid, zum Guten bereit.«[8]

Zwei Jahre später schreibt er demselben Adressaten: »Ja, was können wir Ärzte denn eigentlich? Sehr wenig! Und darum wollen wir der Seele helfen, wenn wir dem Körper nicht helfen können.«[9]

Bereits während seines Studiums hatte er die unsäglichen Reduktionen einer Wissenschaft erlebt, die sich für das neue, allumfassende Erklärungsmodell der Welt hielt. Häckels antihumanes biogenetisches Grundgesetz war in aller Munde. Feuerbachs vernichtende Kritik am Christentum erreichte die Hörsäle. Darwins Abstammungslehre mutierte zur neuen Religion. Wissenschaft, so das um sich greifende Dogma, hatte positivistisch zu sein, naturalistisch, materialistisch – so oder so ähnlich hießen die Schlagwörter. Davon hatte sich Moscati nie beeindrucken, geschweige denn anstecken lassen. Sein Glaube war der Glaube seiner Väter: stark, erdverbunden, fest verwurzelt, demütig und einfach. Und dieser Glaube war kein Widerspruch zu seiner eifrig betriebenen Forschung, sondern erhellte und überwölbte das wissenschaftlich Erkannte, sodass es ein intelligentes Ganzes wurde. Nicht die pompöse Parole war dabei Moscatis Motto, sondern die unauffällige Mystik der alltäglichen, treuen Tat, die die Hierarchie der Werte kennt: »Nicht die Wissenschaft, sondern die Liebe hat die Welt verändert«, schrieb er einem seiner ehemaligen Assistenten, und diese Liebe vermöge jeder zu leben.[10]

Zu dieser gelebten Mystik gehört gleichfalls das geduldige Ertragen von Kollegenneid, von Verunglimpfungen und Verleumdungen. Er ist bekannt dafür, dass er ungerechtfertigte Stellenbesetzungen freimütig ablehnt, ebenso die Postenschieberei aufgrund von Beziehungen und gesellschaftlichem Einfluss. Mit 42 Jahren, im Oktober 1922, als er von körperlichen Schmerzen und der Opposition eines Kollegen, den er unterstützt hatte, besonders heimgesucht wird, gibt er sich selbst die Weisung: »Liebe die Wahrheit; zeige dich, wie du bist, ohne Verstellung, ohne Angst und ohne eigene Rücksichtnahme. Und wenn dich die Wahrheit Verfolgung kostet, so nimm sie an; und wenn es eine Qual ist, ertrage sie! Und wenn du für die Wahrheit dich selbst und dein Leben opfern müsstest, sei stark im Leid.«[11]

Mit dieser Haltung des aufrechten Ganges geht Hand in Hand der gerade, weite Blick. Kunst interessiert ihn, ebenso Architektur und die klassische Antike. 1923 reist er während der Sommerzeit nach Paris und London. In der englischen Hauptstadt besucht er die *National Gallery* und ist, wie er später notieren wird, begeistert von den großen italienischen und flämischen Malern – da Vinci, Rubens, van Dyck. Aber auch ein Zeitgenosse, der große amerikanische Porträtist John Singer Sargent, findet seine Bewunderung.

In den nach Moscatis Tod gesammelten Berichten und Zeugnissen fällt eines auf: unabhängig ob Patient, Professor, Kollege, Student oder Freund – sämtliche Weggefährten sind berührt von der Güte und Bescheidenheit, die der Arzt ausgestrahlt hat. Diese ist offensichtlich keine aufgesetzte Pose, sondern der Habitus dessen, der in seinem Tagebuch festhält: »Deine Liebe, Herr, lenkt mich hin zu den Menschen und zur Schönheit alles Geschaffenen, zu Deinem Abbild und Gleichnis.«[12]

Die Eucharistie

Giuseppe Moscati stirbt am 12. April 1927 in Neapel still und unbemerkt zu Hause in seinem Sessel. Am Morgen hat er die heilige Messe besucht. Danach ist er wie gewohnt zur Visite ins Krankenhaus gegangen. Das Mittagessen hat er zu Hause eingenommen. Weil er sich erschöpft gefühlt hat, will er sich etwas ausruhen. Es ist seine letzte irdische Rast. Er stirbt an einem Schlaganfall, wie die Diagnose lautet. Es ist der Dienstag der Karwoche gegen 15 Uhr.

Oft hatte er gesagt: »Hört doch auf mit dem Geld! Das Wichtigste ist doch, dass ich den Kranken besuche.«[13] Diese Losung hat er sein ganzes Leben lang wahr gemacht. Die Liebe zu den Armen verwirklichte sich in ihm so sehr, dass er ein Armer unter den Armen wurde.

Und diese Armen kommen allesamt herbei, als sie von seinem Tod erfahren. Die Nachricht verbreitet sich wie ein Lauffeuer: *È morto il medico santo* – »Der heilige Arzt ist tot«. Sein Begräbnis gestaltet sich zu einem herrlichen Triumph.

Giuseppe Mario Carolo Alphonse Moscati, der 1880 als Sohn des hoch angesehenen Gerichtsbeamten Francesco Moscati und dessen Gattin, der Gräfin Rosa De Luca, geboren wurde, vollendet 47 Jahre später sein Leben der Hingabe im sinnfälligen Zeichen. Denn es ist der hohe Donnerstag, der

Gründonnerstag, der Tag der Einsetzung der heiligsten Eucharistie, an dem Moscati zu Grabe getragen wird. Hatte er nicht aus dem bleibenden Sakrament der Liebe gelebt? Hatte er nicht in den ihm anvertrauten Armen das Antlitz des Herrn geschaut? War er nicht in seinem Leben wie in seiner Arbeit stets von einem Tabernakel zum anderen gegangen?

Am 25. Oktober 1987, 60 Jahre nach seinem Tod, wird Giuseppe Moscati heiliggesprochen. Das zur Kanonisation erforderliche Wunder ereignet sich an einem jungen Mann namens Giuseppe Fusco, der an Leukämie erkrankt war. Dessen Mutter sieht in einem Traum einen Arzt im weißen Kittel, den sie später, als ihr Pfarrer ihr ein Foto des seligen Moscati zeigt, als ebenden Mann erkennt, der ihr im Traum erschienen ist. Daraufhin wird Moscati um Fürsprache angerufen. Und der lebensgefährlich Erkrankte wird auf unerklärliche Weise wieder gesund und kann seine Arbeit wieder aufnehmen.

Der Gedenktag des Heiligen, welcher der erste heiliggesprochene Arzt der Moderne und Patron der Ärzte ist, ist der 12. April. Dargestellt wird er vorzugsweise im weißen Arztkittel. In der Kirche *Gesù Nuovo*, wo er seine letzte Ruhestätte fand, schmückt ein großformatiges Relief seine Grablege. Das Relief ist als Triptychon angelegt. Zur Linken ist Moscati als Professor am Katheder vor seinen Studenten abgebildet. Zur Rechten sieht der Betrachter den heiligen Arzt am Bett seiner Patienten. Der Mittelteil des Triptychons zeigt die Lebensmitte Moscatis. Der Arzt neigt sich zu einer Mutter, die ihm ihr Kind entgegenhält. Am Firmament leuchtet dabei die Sonne, die Arzt, Mutter und Kind bescheint – die Eucharistie.

Moscatis Grab mit Reliefplatte.
Die Reliefs zeigen die zweifache Tätigkeit Moscatis,
links der Professor mit den Studenten,
rechts der Arzt im Krankenhaus und
in der Mitte der Heilige, erleuchtet durch die hl. Eucharistie

Gebet zum heiligen Giuseppe Moscati

O heiliger Giuseppe Moscati, Arzt und Wissenschaftler.
Du, der du in der Ausübung deiner Tätigkeit
den Körper und den Geist deiner Patienten heiltest,
schau auch auf uns, die nun im Glauben auf deine Fürbitte
hoffen.
Schenke uns physische und seelische Gesundheit
und halte Fürsprache für uns beim Herrn.
Lindere die Schmerzen der Leidenden, gib den Kranken Beistand und Kraft,
tröste die Gequälten und schenke den Verzweifelten Hoffnung.
Die Jugendlichen mögen in dir ein Vorbild finden,
die Arbeitenden ein Beispiel.
Steh den alten Menschen bei
und gib den Sterbenden die Hoffnung auf das ewige Leben.
Sei uns allen ein sicherer Wegweiser für Arbeitsamkeit, Ehrlichkeit und Nächstenliebe,
damit wir als Christen unsere Pflichten erfüllen und Gott, unserem Vater, die Ehre geben.

Aussprüche des Heiligen

»Liebe die Wahrheit, erscheine, wie du bist, ohne Anhänglichkeit und ohne Furcht und ohne Ansehen der Person.
Selbst wenn die Wahrheit dich Verfolgung kostet, nimm sie
an; und wenn sie dir Qualen bereitet, ertrage sie. Und wenn
du um der Wahrheit willen dich selbst und dein Leben
opfern musst, dann sei stark in deinem Opfer.«[14]

»Man darf den Schmerz nicht als Zuckung oder Muskel-
kontraktion behandeln, sondern als den Schrei einer Seele,
zu der ein anderer Bruder – der Arzt – mit dem Feuer der
barmherzigen Liebe eilt.«[15]

Zu einem Patienten:

»Kehren Sie wieder zu Ihrem Glauben zurück und ich
schwöre Ihnen, dass nicht nur Ihr Geist, sondern auch Ihr
Körper davon genährt wird; Sie werden sowohl an der Seele
als auch am Körper gesund werden, denn Sie werden die
erste Medizin eingenommen haben – die unendliche
Liebe.«[16]

An einen Kollegen:

»Denken Sie daran, dass das Leben eine Mission ist, eine
Pflicht, ein Schmerz! Jeder von uns muss seinen eigenen
Kampf führen [...]. Denken Sie daran, dass Sie sich nicht
nur um die Körper kümmern müssen, sondern auch um die
stöhnenden Seelen, die zu Ihnen kommen. Wie viele
Schmerzen lassen sich leichter mit einem Rat und einem
Appell an den Geist lindern als mit kalten Rezepten, die an
den Apotheker geschickt werden.«[17]

An einen Kollegen:

»Nur eine Wissenschaft ist unerschütterlich und unvergänglich, die von Gott geoffenbarte Wissenschaft vom Jenseits. Schauen Sie in all Ihren Werken zum Himmel und auf die Ewigkeit des Lebens und der Seele, dann werden Sie eine ganz andere Orientierung haben als die, die Ihnen rein menschliche Überlegungen nahelegen würden, und Ihre Arbeit wird zum Besseren inspiriert sein.«[18]

An einen Kollegen:

»Aber was würde unsere Wissenschaft nützen, wenn sie völlig kalt und nur dazu bestimmt wäre, die kleinlichen Annehmlichkeiten des Körpers zu erhalten? Sie wäre eine Dienerin des Materialismus und des Egoismus. [...] Wir Ärzte [...] müssen uns daran erinnern, dass wir nicht nur einen Körper vor uns haben, sondern auch eine Seele, ein Geschöpf Gottes.«[19]

Riccardo Pampuri

2. 8. 1897–1. 5. 1930

Die Vorsehung
oder
»GOTT ALLEIN WEIß«

Der heilige Richard Pampuri
in einer Darstellung des Malers Josef Kneuttinger

Jedes Leben lässt sich unter zweierlei Perspektiven betrachten: unter dem Blickwinkel der weltlichen Begebenheiten und *sub specie aeternitatis* (»unter dem Gesichtspunkt der Ewigkeit«). Was hat sich in einem Leben ereignet, welche Begegnungen, Schicksalsschläge, Zuspitzungen und Entscheidungen fanden statt? Das lässt sich als biografische Daten chronologisch aufzählen. Doch wie, so lautet die wesentliche Frage, nimmt der Mensch diese erfahrenen und erlittenen Geschehnisse auf, wie versteht er sie, wie ordnet er sie sinnvoll in sein Lebensganzes ein, welche geheimnisvollen Fügungen sind am Werk?

Riccardo Pampuri stirbt am 1. Mai 1930 mit 32 Jahren. Ein kurzes Leben, dessen Daten rasch genannt sind. Aber was besagt das schon? An seine Schwester Maria, die sich 1912 endgültig an den Orden der Missionsfranziskanerinnen bindet und die der Bruder in der Korrespondenz liebevoll Mariechen nennt, schreibt Pampuri: »Bete, damit der Hochmut, der Egoismus oder irgendeine andere üble Leidenschaft mich nicht daran hindern, in meinen Kranken stets den leidenden Jesus zu sehen, ihn zu pflegen und ihn zu trösten. Wenn dieser Gedanke in mir immer lebendig ist, wie schön und fruchtbar müsste für mich dann die Ausübung meines Berufes werden.«[1]

32 Jahre. Aber Jahre, die mit dem Blick nach oben gelebt werden. Und in der Geborgenheit des Gebets seiner Schwester. Damit ändert sich alles.

Erminio Filippo

Am 2. August 1897 wird Pampuri als zehntes von elf Kindern in dem kleinen Dorf Trivolzio nahe Pavia geboren. Am darauffolgenden Tag wird er getauft und erhält den Namen Erminio Filippo. Mehrere Geschwister Erminios sterben früh. Die Familie ist nicht begütert, es ist schwer, den Lebensunterhalt zu verdienen. Der Vater hat in Mailand etliche Jahre eine Weinhandlung betrieben, die sich jedoch als unrentabel erwies. Aber auch die Gastwirtschaft, mit der er in Trivolzio sein Glück versucht, bringt wenig Ertrag. Also übersiedelt die Familie erneut nach Mailand.

In diesen bedrückenden Verhältnissen stirbt die Mutter an Tuberkulose. Erminio ist drei Jahre alt. Gemeinsam mit einigen Geschwistern kommt er zu unverheirateten Geschwistern seiner Mutter, die in der Nähe von Trivolzio wohnen. Auch der verwitwete Großvater lebt dort. Erminios Vater wird wenige Jahre später bei einem Verkehrsunfall ums Leben kommen.

Das neue Zuhause Erminios ist bei aller Tragik ein Glücksfall für den Knaben. Er wird mit offenen Armen aufgenommen und findet eine neue familiäre Geborgenheit. Der Onkel Carlo Campari ist Arzt und übt einen wohltuenden autoritativen Einfluss auf den verwaisten Jungen aus, die Tante und eine im Haus lebende Haushälterin kümmern sich liebevoll um Erminio. Die ganze Familie ist bodenständig, fromm und gottesfürchtig und diese Frömmigkeit zeigt sich auch in Taten. So übernimmt die Familie Campari etwa die gesamten Kosten der Kirchenrenovierung vor Ort, denkt aber auch an die Unterstützung der Missionsarbeit.

Nach der Grundschulzeit wechselt Erminio nach Mailand, wo ältere Geschwister von ihm in einer gemeinsamen Wohnung leben, unter anderem auch seine Schwester Maria, die sich auf ihren Ordensweg vorbereitet und die der Zehnjährige nun näher kennenlernt.

Doch die Zeit in Mailand ist auch eine Zeit der Einsamkeit. Die Geschwister sind mit ihrem eigenen Lebensentwurf zur Genüge beschäftigt und für den kleinen Erminio bleibt nicht die Zeit, ihn entspechend zu betreuen, was er für seine seelische Reife benötigt hätte. Die schulischen Leistungen fallen entsprechend ab. Onkel Carlo, der die unglückliche Situation seines Zöglings richtig einschätzt, nimmt ihn aus Mailand fort und regelt seinen weiteren Schulbesuch, indem er Erminio in einem Internat in Pavia unterbringt. Hier bleibt er die folgenden sechs Jahre, bis er 18-jährig die Reifeprüfung ablegt. Es ist zugleich die Zeit, in der im Leben des Heranwachsenden die Hinwendung zu Gott mehr und mehr Raum erhält. Der Briefwechsel mit seiner Schwester, die nun den Ordensnamen »Longina« trägt und in Ägypten im Einsatz ist, beginnt. Der Wunsch, sein Leben gleichfalls in den Dienst Gottes zu stellen, erwacht in ihm.

Bruder Antonio

1915 immatrikuliert sich der 18-Jährige zum Medizinstudium an der Universität von Padua. Ein guter Stern steht auch hier über seinem Leben. Er wohnt bei einer Familie, die mit dem Bischof von Pavia verwandt ist. Einer der Söhne dieser Familie ist Priester. Erminio selbst ist ein eifriger, gewissenhafter Student, muss allerdings sein Studium unterbrechen, da er – es ist die Zeit des Ersten Weltkrieges – 1917 einberufen und dem Sanitätskorps zugeteilt wird.

Er ist der Jüngste der Kompanie und ist bei den Soldaten wie auch bei den Offizieren beliebt. Und er lernt, gerade einmal 20 Jahre alt, den Schrecken des Krieges kennen. An seine Schwester schreibt er: »Seit zwei Wochen tue ich Dienst in meinem Feldlazarett. Welche Marter des Menschenfleischs, was für Wunden, zerschmetterte Glieder.«[2] Ein Jahr zuvor ist bereits einer seiner Brüder im Krieg gefallen.

Obgleich er selbst von schwacher physischer Konstitution ist, verhält er sich so tapfer, dass er nach einer militärischen Niederlage ausgezeichnet wird. Die Truppen lösen sich in Panik auf, ein jeder versucht, seine Haut zu retten. Die medizinischen Versorgungsmittel und das Verbandsmaterial lässt man achtlos im Feld zurück. Erminio jedoch, der weiß, wie wertvoll eine medizinische Versorgung im Krieg ist, bringt das Material in Sicherheit und transportiert es in einem erschöpfenden 24-stündigen Alleinmarsch, und dies bei einem hereinbrechenden Unwetter, hinter die neue Verteidigungslinie. Er wird dafür eine

Verdienstmedaille erhalten, zudem in den Rang eines Unteroffiziers befördert. Die maßlose Anstrengung fordert freilich ihren Tribut. Er erkrankt an einer Rippenfellentzündung, die nie mehr zur Gänze ausheilt und die, wie man vermutet, zu seinem frühen Tod führt.

Krieg und Studium: Die Erfahrungen, die Pampuri in jenen Jahren macht, sind, davon darf man ausgehen, markant. Was diesen Erfahrungen jedoch die verbindende und prägende Gestalt gibt, ist der sich zunehmend festigende Glaube des Studenten. Er wird Mitglied einer christlichen Studentenverbindung und gleichfalls Mitglied des ortsansässigen Vinzenzvereins, zu dessen Satzung es gehört, karitativ im Geiste christlicher Nächstenliebe tätig zu sein. Durch den täglichen Messbesuch bei den Franziskanern trifft er schließlich den Entschluss, dem Dritten Orden der Franziskaner beizutreten. Der Pater, der ihn 1921 aufnimmt, gibt zu Protokoll: »Nicht nur mir, sondern auch mehreren meiner Mitbrüder fiel der junge Student bald auf. [...] Jeden Tag Punkt elf nahm er nach dem Ende der Vorlesungen an der heiligen Messe teil. Was uns an ihm besonders beeindruckte, war sein tief ausgeprägter *sensus Christi*.«[3] Ein Jahr nach seiner Aufnahme findet die Professfeier statt. Der Name, der ihm gegeben wird, ist Bruder Antonio.

Sr. Longina, seiner Schwester, schreibt er: »In der Hoffnung, dadurch besser zu werden, habe ich mich unter den Schutz des seraphischen Vaters Franziskus gestellt und bin seinem Dritten Orden beigetreten. So bin ich jetzt auch in geistlicher Hinsicht ein bisschen Dein Bruder geworden.«[4]

»In der Hoffnung, dadurch besser zu werden« – dieser Wunsch und dieser Eifer treiben Bruder Antonio an. Sein Doktoratsstudium der Medizin absolviert er mit Auszeichnung. In einem Gutachten hält sein Doktorvater fest: »Dr. Erminio Filippo Pampuri ist ein junger gebildeter und sehr fleißiger Mann, der sich mit großer Hingabe dem Studium des kranken Menschen widmet. [...] Guten Gewissens glaube ich, behaupten zu dürfen, dass er ein ausgezeichneter Arzt werden wird.«[5]

Genau das wird er, ein ausgezeichneter Arzt. Denn Pampuri tritt die nächsten sechs Jahre in dem Ort Marimondo, einem Dorf in der Nähe seiner Verwandten, die Stelle des Landarztes an, nicht ohne zuvor noch einen Geburtshilfekurs und eine Ausbildung zum Amtsarzt abgeschlossen zu haben. Aktuelle Bücher, die medizinische Fachartikel enthalten, gleich ob auf Englisch, Französisch oder Deutsch, lässt er sich kontinuierlich schicken, um sich auf diese Weise fortzubilden und auf dem neuesten Stand der Forschung zu bleiben.

Der neue Arzt ist bald kein Unbekannter mehr, nicht zuletzt deswegen, weil sich sein Benehmen wohltuend von jeglichem Standesdünkel oder distanzierter Pose abhebt. Pampuri geht auf die Menschen zu, er sucht die persönliche Begegnung. Die Kranken sind für ihn keine Fälle, sondern Menschen mit ihren Schicksalen und Nöten. Und er ist für seine Patienten rund um die Uhr da. Zu Fuß, mit dem Fahrrad oder in einer bescheidenen Pferdedroschke macht sich Pampuri zu jeder Tages- und Nachtzeit auf den Weg, um gewissenhaft seinen ärztlichen Verpflichtungen nachzukommen. Manche seiner Ärztekollegen werfen ihm vor, er übertreibe. Aber Pampuri lässt sich nicht beirren. Findet sich niemand, um einen besonders bedürftigen Kranken zu Hause zu betreuen, übernimmt er die Pflege.

Seine Klientel besteht großteils aus einfachen Landleuten und Bauern. Deren Lebensumstände sind oft genug ärmlich und lassen hygienische Standards vermissen. Also kümmert sich Pampuri nicht nur um eine korrekte medizinische Versorgung, sondern bemüht sich darüber hinaus um die Behebung misslicher Lebensbedingungen. Patienten, denen es am Nötigsten gebricht, behandelt er unentgeltlich und nicht nur das, er übernimmt immer wieder auch die Kosten für die Medikamente oder überreicht den Patienten einen Umschlag mit dem erforderlichen Betrag.

Kein Wunder, dass die Armen, die Alten, die an den Rand Gedrängten ihren Landarzt ins Herz schließen. Bei den vorherrschenden politischen – und das heißt in diesem Fall faschis-

tischen Strömungen trifft er dagegen auf wenig Gegenliebe. Da
sich der Landarzt auch um die Jugendlichen seiner Gemeinde
kümmert, indem er etwa eine Jugendgruppe der »Katholischen
Aktion« aufbaut sowie eine Musikkapelle fördert, die er unter
das Patronat von Papst Pius X. stellt, entzieht er die jungen
Menschen dem ideologischen Einfluss der örtlichen Partei-
führung.

Er selbst tritt aus der Gewerkschaft der Amtsärzte aus. In
seiner schriftlich eingereichten Begründung legt er unter anderem dar, dass es nach den Statuten der Gewerkschaft ersichtlich
sei, dass »der Gewerkschaft nur solche Ärzte angehören können,
die der faschistischen Partei beigetreten sind oder von allen anderen Parteien Abstand nehmen. Weil aber der Faschismus
heute genauso wenig wie der Liberalismus gestern den Allein-
anspruch auf die Vaterlandsliebe erheben kann und ich der
Überzeugung bin, dass ich meiner Vaterlandstreue auch durch
die Mitgliedschaft in einer anderen Partei, die meinen mora-
lischen und politischen Grundsätzen besser entspricht, zum
Ausdruck bringen kann, erkläre ich hiermit meinen Austritt
aus der oben genannten Gewerkschaft.«

Trotz seiner vielfältigen Aufgaben bleibt der tägliche Messbesuch der selbstverständliche Kompass in Bruder Antonios
Leben. Zum Ehestand, das weiß er, ist er nicht berufen. Er fragt
sich immer wieder, wie er seiner geistlichen Schwester anvertraut, »wie ich unserem Herrn am besten dienen kann«.[6] Er
strebt nach der Ganzhingabe: »Nur für Gott, mit Gott und in
Gott zu sein ... Was ist uns diese Erde anderes als Unterwegs-
sein zum Vater.«[7] Sein Ideal wäre es, in die Mission zu gehen,
wovon er jedoch Abstand nimmt, weil seine schwache Konstitution dem nicht gewachsen wäre. Der Versuch, bei den Jesuiten einzutreten, scheitert; ein ärztliches Gutachten fällt negativ
aus.

In dieser anhaltenden Suche nach dem rechten Platz lernt er
in Mailand den Priester Don Riccardo Beretta kennen. Es ist
die entscheidende glückliche Fügung. Pampuri wählt ihn zu sei-

nem Seelenführer. In Gebeten, Gesprächen, Überlegungen erhellt sich endlich das Ziel: Pampuri bittet nach entsprechenden
klärenden Vorgesprächen den Provinzial der Barmherzigen
Brüder in Mailand um Aufnahme in den Orden des heiligen
Johannes von Gott, und er wird trotz seiner schwachen Gesundheit aufgenommen.

Frater Riccardo

Naturgemäß ist der Schritt ungewöhnlich. Ein angesehener
Arzt drückt gleichsam aufs Neue die Schulbank und beginnt
im Postulat und im anschließenden Noviziat die üblichen niedrigen Dienste zu verrichten. Er, der Arzt, ist sich nicht zu schade, den großen Krankensaal zu reinigen, einem Kranken den
Nachttopf zu reichen oder die bettlägerigen Patienten zu pflegen. Und man wundert sich über diesen demütigen, freundlichen, hilfsbereiten jungen Mann, der Frater Riccardo gerufen
wird.

Nach einer Weile wird dem Frater die Leitung der Zahnambulanz, die an das Krankenhaus in Brescia angeschlossen ist,
übertragen. Seine Patienten stammen vorwiegend aus der armen Bevölkerung. Wie schon in seiner Landarztpraxis in Morimondo, so hilft Frater Riccardo auch jetzt nicht nur mit medizinischen Mitteln, sondern zugleich auch mit handfesten
Zuwendungen, wenn materielle Sorgen drücken. Auf seine Initiative hin wird darum neben der Zahnambulanz schließlich
eine Armenspeisung eingerichtet.

Die Verpflichtungen, die dem jungen Ordensmann nach und
nach zusätzlich anvertraut werden, beispielsweise der Unterricht der Mitbrüder, die sich auf das Krankenpflegeexamen vorbereiten, oder die anfallenden ärztlichen Nachtdienste, führen
dazu, dass die bereits geschwächte Gesundheit des Novizen
weiter beeinträchtigt wird. Nur ein halbes Jahr nach der Ablegung seiner ersten einfachen Ordensgelübde erleidet er im

Frühjahr 1929 einen massiven Blutsturz mit einer schweren Lungenentzündung.

Es bleibt Frater Riccardo noch ein Jahr an Lebenszeit. In diesem Jahr erlebt er Phasen der körperlichen Erholung und dann wieder rapide Verschlechterungen. Er klagt nicht. Er lehnt sich nicht auf. Einem Neffen, der selbst schwer krank war, hatte er einst geschrieben: »Betrachte Deine Krankheit als ein Opfer, das Du für Dich und Deine Mitmenschen bringst.«[8] Diese Haltung der Hingabe lebt er selbst. Wenn sein Zustand es ihm erlaubt, arbeitet er wie gewohnt in der Ambulanz. Aber seine Kräfte nehmen weiter ab. An seinem Namenstag, dem 3. April, an dem die Mitbrüder im Konvent ein kleines Fest für ihn veranstalten, muss er bereits in einem Sessel getragen werden.

Vier Wochen später, am 1. Mai 1930, stirbt er, versehen mit den Sakramenten der Kirche. In den letzten Tagen vor seinem Tod, so sein Biograf, »hatte er immer wieder gefragt, wie weit es noch bis zum Mai sei. Zur Gottesmutter, der dieser Monat im Kirchenjahr im Besonderen gewidmet ist, hatte er nämlich ein ganz besonders inniges Verhältnis. Deswegen war es sein sehnlichster Wunsch gewesen, unter dem Schutz der seligen Jungfrau zum Herrn heimgehen zu dürfen. Dieser Wunsch wurde ihm erfüllt.«[9]

Das Begräbnis ist ein schöner Beweis für die beeindruckende Beliebtheit des Heimgegangenen. Ein kilometerlanger Zug begleitet den Sarg des Verstorbenen. Dieser ist auf Wunsch von Frater Riccardo äußerst schlicht. Doch der Tote ist nicht tot. Die Menschen von Torrino und Trivolzio und Morimondo, die den gütigen Arzt auf seinem letzten irdischen Weg begleiten, werden auch in Zukunft seine stille Anwesenheit oft und oft zu spüren bekommen. Denn Frater Riccardo, dies gehört zu seiner demütigen Unaufdringlichkeit, bleibt weiterhin ein Menschenfreund.

Es mag sein, dass der moderne Mensch vor den sehr großen Heiligen, etwa einer Mutter Teresa, die man eine »Jahrtausendheilige« genannt hat, angesichts solch überragender Dimension aus lauter Einschüchterung auf Distanz geht. Frater Riccardo, von dem Luigi Giussani schreibt, dass er gerade durch seine absolute Einfachheit beeindrucke,[10] ist in seiner schlichten Größe gleichsam der Brückenbauer der Bescheidenheit und Vertrautheit. Er ist uns nahe, sehr nahe, und etliche Heilungen bestätigen die Nähe dieses einfachen Landarztes, der 1981 seliggesprochen und am Fest Allerheiligen 1989 heiliggesprochen wird. Sein Gedenktag ist der 1. Mai.

Früh Halbwaise, im Alter von elf Jahren Vollwaise, als 20-Jähriger gesundheitlich für immer gezeichnet, in der Blüte des Mannesalters mit 32 Jahren verstorben ... man könnte meinen, dieser Heilige sei ein vom Schicksal Benachteiligter gewesen. Doch sein Leben zeigt das Gegenteil. Denn nicht die Dauer eines Lebens, wie bereits erwähnt, ist ausschlaggebend, sondern die Bereitschaft und der Wille, das Empfangene und Erlittene gutzuheißen.

Pampuri gehört zu denjenigen, für die der theologische Begriff der Vorsehung, der oft genug als ein abstraktes frommes Überbleibsel vergangener Zeiten belächelt wird, durch und durch konkret ist. In der Zeit seiner Krankheit, als sich Fieberverläufe, Schwächezustände und Schüttelfroste abwechseln mit Phasen der Rekonvaleszenz, gibt er eines Tages seiner Tante Maria, die zu ihm sagt, dass sie gern allen Besitz hergeben würde, wenn ihr Neffe nur wieder gesunden würde, zur Antwort: »Gott allein weiß, was aus mir werden soll. Ist es sein Wille, dass ich am Leben bleibe, werde ich bei euch bleiben. Ruft er mich zu sich, werde ich gern seinem Ruf folgen.«[11]

Die Bejahung der Pläne des Größeren lassen denjenigen, der in der Zustimmung lebt, im Frieden wachsen. Darum auch sind die beiden Pole des Glaubens und der Wissenschaft, der Medizin und der Frömmigkeit, die Tätigkeiten des Beters und des Arztes, für Frater Riccardo keine unverbundenen Teile, sondern lebendige Mosaiksteine in einem versöhnten Kosmos: »Wir können uns natürlich«, so Pampuri, »in völliger Selbsttäuschung der Vorstellung hingeben, dass die Wissenschaft und ihre Errungenschaften uns von Gott entfernen. Am Tag des Gerichts werden aber viele wahre und große Wissenschaftler wie Newton, Volta und Pasteur vor Gott erscheinen. Eine für unsere Begriffe kleine Zahl, weil wir von den meisten nichts wissen, und dazu gehören nicht wenige große Anatomen und Ärzte. Sie, deren Herz und Geist rein geblieben sind und nicht von Überheblichkeit und Eitelkeit getrübt wurde, fanden keinen Gegensatz zwischen Wissenschaft und Glauben. Im Gegenteil, je tiefer sie in die Geheimnisse der Natur eindrangen, umso mehr fanden sie die Wahrheit des Glaubens bekräftigt. Durch die wunderbare Harmonie der Naturgesetze angeregt, wussten sie die unendliche Weisheit des Schöpfers zu preisen und zu lieben.«[12]

Damit ist das letzte beziehungsweise erste Stichwort gegeben – die Liebe. Was ist die Liebe des Arztes? Was ist die Grundlage seines Handelns? Was zählt letztlich?

Seinem Novizenmeister, der Frater Riccardo die Größe der ärztlichen Berufung vor Augen stellte, antwortete er: »Was letztendlich zählt, ist die richtige geistige und innerliche Einstellung, ohne die alle Diplome dieser Welt keinen Wert haben.«[13]

Aussprüche des Heiligen

An seine Schwester:

»Ich werde mich bemühen, meine Seele so einzurichten, dass sie diese Gnaden nicht behindert. In der Zwischenzeit werde ich von ganzem Herzen um so viele Gnaden für dich bitten, vor allem um jenen heiligen Frieden, der aus der vollen und gelassenen Übereinstimmung mit den Anordnungen der göttlichen Vorsehung erwächst.«[14]

»Bete, damit weder Stolz noch Egoismus noch sonst eine schlechte Neigung mich daran hindern, in meinen Patienten stets den leidenden Christus zu sehen. Ihn pflegen und trösten … dieser Gedanke lässt mich meinen Beruf erst so richtig schätzen.«[15]

An seine Neffen:

»Versucht, eure Absichten in die Tat umzusetzen und all die Mittel, die euch die göttliche Vorsehung zur Verfügung gestellt hat, gut zu nutzen, doch belasst es nicht bei Versprechungen allein, denn ihr wisst ja sehr gut, dass diese allein nicht zählen, sondern vielmehr die Früchte, an denen es, wenn ihr euch wirklich anstrengt, bei einer guten Beförderung und einer besseren Ausbildung nicht fehlen wird.«[16]

»Ich will Dir dienen, o Gott, für alle Zukunft mit Beständigkeit und größter Liebe: Gib mir die Kraft, meinen Oberen, meinen Mitbrüdern, meinen geliebten Kranken und überhaupt allen zu dienen, wie ich Dir dienen würde.«[17]

»Wenn nicht mein Verantwortungsbewusstsein als Arzt auf dem Spiel stehen würde, würde ich sagen, dass meine Arbeit ein reines Vergnügen ist.«[18]

»Ich bin glücklich, wenn ich heimgehen darf …«[19]

Anna Dengel

16. 3. 1892–17. 4. 1980

Der Mut
oder
»Man schont sich nicht, wenn man liebt«

Aufnahme aus dem Jahr 1958

»Dr. Anna Dengel war eine der ersten Ärztinnen Tirols und Gründerin des Ordens der Missionsärztlichen Schwestern. Sie wurde am 16. März 1892 in Steeg im Lechtal geboren. Nach dem Abschluss bei den Ursulinen in Innsbruck ging sie im Herbst 1913 nach Irland, das damals unter britischer Krone stand, und studierte an der Universität Cork Medizin. Sie beendete ihr Studium 1919 und ging nach Rawalpindi in Indien, wo sie als Laienärztin tätig war und sich besonders in der Geburtshilfe engagierte. Als sie 1924 einen Heimaturlaub in Innsbruck verbrachte, kam sie auf die Idee, selbst eine Ordensgemeinschaft mit missionsärztlicher Ausrichtung zu gründen. Nach anfänglichen kirchlichen Widerständen konnte sie am 30. September 1925 in einem kleinen Haus an der Peripherie von Washington D. C. die Gemeinschaft der Missionsärztlichen Schwestern gründen. Heute zählt ihr Orden 700 Mitglieder aus 22 Nationen, davon rund 70 Ärztinnen.«

So die Kurzvorstellung von Anna Dengel anlässlich der Herausgabe einer österreichischen Sonderbriefmarke 1992 zum 100. Geburtstag der Jubilarin.[1] Die Ärztin und Ordensgründerin ist berühmt geworden und hat es zu Lexikoneinträgen gebracht. Auch Biografien liegen vor. Wenn sie an dieser Stelle vorgestellt wird, so soll das biografische Gerüst, etwa der dornenreiche Weg zur Ordensgründung, in aller gebotenen Kürze abgehandelt werden. Da Anna Dengel in beeindruckender Weise zwei Charaktereigenschaften in sich vereinte – nämlich zum einen den durch und durch zupackenden, mutigen, pragmatischen Sinn und zum anderen das feine Gespür für die Führung Gottes –, dürfte es aufschlussreicher und einprägsamer sein, in ausgewählten Geschichten, gleichsam in Blitzlichtern und bleibenden Fingerzeigen Gottes diese besondere Doppelung im Leben der Porträtierten aufscheinen zu lassen.

Chère Mademoiselle

Die 17-jährige Anna Dengel geht, durchaus mutig für eine junge Frau der damaligen Zeit, 1909 für zwei Jahre nach Lyon. Sie arbeitet als deutschsprachige Betreuerin für Schülerinnen eines von Schwestern geleiteten Instituts. Hier im Ausland kommt sie überraschenderweise mit dem Bereich in Berührung, der späterhin maßgeblich ihr Leben prägen sollte – mit der Medizin, denn sie übersetzt einen chirurgischen Text aus dem Deutschen ins Französische.

Als sie nach Tirol zurückkehrt, stellt sich die Frage, wie es im Leben der jungen Frau weitergehen soll. Soll sie im Geschäft ihres Vaters, eines bekannten Tiroler Paramentenhändlers, mitarbeiten? Soll sie den Weg einer Krankenschwester einschlagen oder gar in ein Kloster eintreten?

Da geschieht Folgendes: Als sie im Auftrag ihres Vaters in Voralberg unterwegs ist und mit einer dort lebenden Klosterschwester einen Geschäftsvertrag abschließt, schreibt die Ordensfrau, da keine der beiden Frauen einen ordentlichen Zettel zur Hand hat, um den Vertrag zu besiegeln, auf ein bedrucktes Blatt den betreffenden Auftrag. Später, bereits auf der Heimreise, bemerkt Anna Dengel, dass auf der Vorderseite des unscheinbaren Blattes von einer Krankenpflegeschule in Lyon die Rede ist, in der man sich auch auf den Einsatz in Missionsländern vorbereiten kann.

Anna Dengel ist wie elektrisiert. Sie schreibt einer Freundin in Lyon und bittet sie, diesbezüglich weitere Nachforschungen anzustellen. Diese teilt ihr im Gegenzug mit, dass sie zwar in Bezug auf Annas Anfrage keine näheren Informationen habe finden können, dafür aber von ihrem Beichtvater wisse, dass dieser eine schottische Ärztin kenne, die auf der Suche nach jungen Frauen sei, die bereit seien, als Ärztinnen nach Indien zu gehen. Und mehr noch: Diese sei auch bereit, für die notwendige medizinische Ausbildung der Interessentinnen zu sorgen. Der Name der schottischen Ärztin: Dr. Agnes McLaren.

Anna Dengel weiß schlagartig, dass sich hier ein Weg für ihre Zukunft öffnet. »Es war für mich eine besondere Herausforderung«, so notiert sie später, »als Ärztin, als Frau, Frauen zu dienen. Mich diesem Ziel zu widmen und diesen Entschluss zu fassen, war für mich so einfach und klar, dass ich es nicht einmal für nötig fand, jemand in dieser Berufsfrage um Rat zu bitten.«[2]

Ihr Entschluss steht fest. Sie lernt nun eifrig, holt ihre Matura nach, wechselt während zweier Jahre etliche Briefe mit der prominenten schottischen Pionierin – Briefe, in denen die bekannte Ärztin sie liebevoll mit *Chère Mademoiselle et amie* anspricht – und wartet darauf, ihr persönlich zu begegnen.

Zu dieser Begegnung ist es nie gekommen. Agnes McLaren stirbt am 17. April 1913. Doch ihr Einfluss, ihre Ermutigung, ihre Inspiration haben Anna Dengel für immer geprägt. Und ihr Leben verläuft anschließend in den Spuren, die die schottische Ärztin hinterlassen hat. Sie nimmt Kontakt mit dem von McLaren gegründeten medizinischen Komitee in London auf, klärt die Modalitäten ihrer medizinisch-akademischen Ausbildung, geht schließlich nach Irland, um dort an der katholischen Universität in Cork ihre Ausbildung zu absolvieren. Nach ihrer Promotion zum Doktor der Medizin begibt sie sich auf die Reise nach Indien in das von Agnes McLaren ins Leben gerufene Spital in Rawalpindi (im heutigen Pakistan) und beginnt mit der Verwirklichung ihres Traums – als Ärztin in der Mission zu arbeiten.

Der Ball

Anna Dengel geht auf die dreißig zu. Sie hat bereits viel erreicht, vieles hat sich gefügt und geklärt. Sie ist Ärztin in der Mission und dies mit leidenschaftlichem Einsatz. Ihr Tag ist zum Bersten gefüllt. Nach der Frühmesse geht sie ins Krankenhaus, in dem die Bettenzahl mittlerweile um ein Mehrfaches

97

gestiegen ist. Auf die Visite bei den stationären Patienten folgen die Ambulanzstunden, danach die Hausbesuche. Sie ist rund um die Uhr im Dienst und es ist ein Dienst für Gott, den sie in jedem Menschen wiederfindet.

Doch in all den Jahren bleibt eine Frage für Anna Dengel weiterhin ungeklärt: die Frage nach ihrer Berufung. Genügt es, Ärztin zu sein? Wo genau gehört sie hin? Sie wohnt bei den Franziskanerinnen, ohne selbst Franziskanerin zu sein. Gleichzeitig ist sie mit einer indischen Kaufmannsfamilie befreundet, der sie viel zu verdanken hat. Außerdem kennt sie viele Einheimische und Angehörige der britischen Kolonialherren und lernt jeden Tag neue Menschen kennen, die dort leben. Aber zu wem gehört sie wirklich?

Als der Prince of Wales Indien einen Besuch abstattet und auch Rawalpindi zu seinen Visitationsorten zählt, gibt man für den Ehrengast einen Ball. Naturgemäß kommen zu dem Ereignis sämtliche Honoratioren von nah und fern zusammen. Englische Patienten von Anna Dengel haben ihr aus Dankbarkeit für die erwiesene ärztliche Hilfe eine Einladung besorgt. Wenn man es recht bedenkt, könnte die Festivität etliche Möglichkeiten bieten, neue einflussreiche Kontakte zu knüpfen, Spendengelder zu akquirieren oder mit einheimischen Beamten in ein fruchtbares Gespräch zu kommen.

Eine Schneiderin näht Anna ein passendes Abendkleid. Eine Friseuse drapiert ihr volles Haar. Statt dem Ärztekittel glänzt die Seide der Abendrobe. Bald werden die englischen Bekannten eintreffen, um sie zum Ball abzuholen. Notfälle im Krankenhaus sind, so wie es aussieht, nicht zu erwarten. Der Ball kann beginnen.

Doch zuvor will sie sich jemandem zeigen, um die andere Anna zu präsentieren und ihre Vorfreude auf den Ball gleichsam mitzuteilen. Also geht sie zu den Ordensschwestern, bei denen sie wohnt, und zeigt sich ihnen im ungewohnten Gewand. Die Schwestern staunen nicht schlecht. Schließlich sagt eine von ihnen zu Anna: »Glauben Sie, dass Sie wirklich zu diesem Abend der Eitelkeit gehen sollten?«[3]

Das genügt. Anna verlässt ohne ein weiteres Wort die Schwestern, geht zurück auf ihr Zimmer, zieht das Abendkleid aus und lässt die englischen Bekannten benachrichtigen, bei denen sie sich entschuldigt, dass sie nicht zum Ball mitkommt.

Die folgende Zeit ist schwer. Es ist die Zeit der Klärung und Prüfung. Erschöpfungszustände, Finsternisse und innere Bedrängnisse, Gereiztheiten, Anspannungen, Unverständnis, Müdesein, Überfordertsein einerseits und andererseits gleichzeitig das ohnmächtige Sichausstrecken nach dem rettenden Wort, nach der Erlösung. Anna selbst wird viel später in ihrer nüchternen Art darüber schreiben: »Irgendetwas kam über mich, das ich nicht verstehen und mit dem ich nicht fertigwerden konnte. Ich weiß nicht, was *Nacht der Seele* bedeutet oder wie man es empfindet – aber etwas Derartiges ist die einzige Erklärung, die ich dazu abgeben kann.«[4]

Mit der Hilfe erfahrener geistlicher Begleiter versteht sie allmählich, dass ihre tiefste Sehnsucht darin besteht, ihr Leben ganz Gott zu weihen. Und dann, nach etlichen Reinigungen und Umwegen (sie ist trotz bleibender Bedenken bei den Franziskanerinnen eingetreten), kommt endlich das klare Licht durch dreitägige Exerzitien, an denen sie in Innsbruck bei Pater Rochus Rimmel SJ teilnimmt. Seine eindeutige Weisung am Ende der Exerzitien lautet: »Sie müssen ein für alle Mal den Gedanken aufgeben, in die Kongregation der Franziskanermissionarinnen Mariens einzutreten. Sie müssen sich dem missionsärztlichen Apostolat in der Weise widmen, dass Sie mit Genehmigung und Förderung der Kirche eine eigene Ordensgemeinschaft zu diesem Zwecke gründen. Sie müssen immer in Verbindung mit der zuständigen kirchlichen Obrigkeit bleiben. Sie dürfen keinen Augenblick zweifeln, dass dies der Wille Gottes für Sie ist.«[5]

Damit ist der Weg frei. Und Anna Dengel geht ihn. Sie ist 32 Jahre alt. Es ist ihre Berufung in der Berufung.

Das Foto

Die neue Gemeinschaft nimmt ihren Anfang in den Vereinigten Staaten. Am 17. Mai 1925, dem Tag der Heiligsprechung der Therese vom Kinde Jesus, die Patronin der Weltmission ist gemeinsam mit dem heiligen Franz Xaver, liegt die neue Konstitution vor. Knapp einen Monat später, am 10. Juni 1925, erteilt der Erzbischof von Baltimore die offizielle kirchliche Genehmigung zur Gründung der *Society of the Catholic Medical Missionaries,* abgekürzt SCMM.

Die Mitgliederzahl der neuen katholischen missionsärztlichen Gemeinschaft umfasst gerade einmal eine Schwester: Anna Dengel. Aber das macht nichts. Sie weiß, dass aller Anfang schwer ist und dass zu jedem Anfang gehört, sich nicht beirren zu lassen. Am 30. September desselben Jahres – auch dies ein markantes Datum, denn es ist der Todestag respektive der himmlische Geburtstag der Patronin der Weltmission – schließen sich Anna bereits eine Ärztin und zwei Krankenpflegerinnen an. Damit ist die neue Gemeinschaft ins Leben gerufen, die kirchenrechtlich vorerst ohne Gelübdeablegung nur als sogenannte *pia unio* firmiert. Denn bislang sieht das Kirchenrecht nicht vor, dass Ordensleute sich medizinisch betätigen. Elf Jahre später wird diese Regelung neu gefasst. Jetzt ist es auch Ordensleuten gestattet, medizinische Berufe auszuüben. Die Gemeinschaft mit der jungen Generaloberin ist somit im Herzen der Kirche angekommen. Und eben darin liegt »die historische Bedeutung dieser Frau«, wie ihr Biograf Hans-Peter Rhomberg, seines Zeichens selbst Arzt, feststellt, »dass sie nach 710 Jahren wieder Chirurgie und Geburtshilfe, d. h., aber somit die ganze Medizin in die Kirche eingebracht und dafür einen eigenen Frauenorden gegründet hat«.[6]

Vorausgegangen sind dieser Wende unzählige Gespräche, Briefe, Berichte aus den Missionsgebieten, Petitionen, Vorträge und – denn auch hier erweist sich die Generaloberin als äußerst effizient – Spendensammlungen. Rückschläge können sie nicht entmutigen. Auch wenn sich der Beginn in Amerika nach einer erfolgreichen Vortragsreise plötzlich denkbar ungünstig entwickelt, da der kirchliche Leiter des Missionswerks in New York ihr weitere Vorträge untersagt, gibt sie nicht auf.

Sie lässt sich vielmehr eine Audienz beim Erzbischof von New York, Kardinal Hayes, geben. Die Begegnung scheint zu misslingen. Der Erzbischof wirkt wenig interessiert an dem, was Anna vorbringt. Auch das Empfehlungsschreiben eines Monsignore macht nicht den gewünschten Eindruck. Dann geschieht, was eine Biografin folgendermaßen beschreibt: »Schon wollte Anna Dengel ihre Unterlagen wieder einpacken, da rutschte ein kleines, technisch höchst stümperhaftes Foto von zwei kleinen Patienten aus Rawalpindi (dem missionsärztlichen Spital in Indien), Zwillingen, die ebenso hilflos wie liebebedürftig in die Kamera äugten, aus dem Stapel und bleibt direkt neben seiner Hand liegen. Der Kardinal griff danach, warf automatisch einen Blick darauf – und in dem Moment war das Eis gebrochen.«[7]

Anna erhält von Seiner Eminenz nicht nur die Erlaubnis, im gesamten Gebiet der Diözese Vorträge zu halten, sondern darüber hinaus überreicht ihr der Kardinal einen Scheck über 1000 Dollar, was für die damalige Zeit eine mehr als beträchtliche Summe darstellt.

Die Wege

Die weltweite Ausbreitung der Gemeinschaft, zumal nach dem Zweiten Weltkrieg, ist rasant. Es entstehen Krankenhäuser und Niederlassungen in Indien, Pakistan, Indonesien, auf den Philippinen, in Kenia, Zaire und Äthiopien, um nur einige zu nennen. Mutter Dengel, die Generaloberin, ist die unermüdliche Globetrotterin, die die einzelnen Häuser visitiert, Neugründungen vorbereitet und administrativ-organisatorische Perspektiven sichtet und klärt. Sie kümmert sich um alles, gleich ob es um Schulen für angehende Hebammen, um Entbindungsstationen, um Mutter-Kind-Einrichtungen oder um den Ordensnachwuchs geht. Und sie ist weise genug, die jeweilige Situation vor Ort zu berücksichtigen und die regionalen Unterschiede in ihre Planungen einzubeziehen. »Es besteht kein Zweifel«, so Anna Dengel, »die Orientalen streben dasselbe Ziel an wie wir. Doch sie gehen dabei andere Wege. Daher dürfen wir ihnen nicht unseren westlichen Willen aufdrängen und sie schulmeistern. Es gibt eben viele Wege, die nach Rom führen.«[8]

Die Gründung eines Krankenhauses in Mandar im indischen Bundesstaat Bihar bezeichnet sie als ihr größtes Risiko. Auch in diesem Fall erweist sie sich als zupackende, kluge, umsichtig planende und couragierte Frau. Ein Jesuitenpater vor Ort, der aus Liebe zu den Einheimischen das Projekt startet, und dies, obgleich niemand für das waghalsige Unternehmen geradestehen will, schafft es schließlich mit staatlicher finanzieller Unterstützung, das zweistöckige Krankenhaus auf die Beine zu stellen. Das Einweihungsfest ist ein rauschender Akt mit Prominenz und Trommelbegleitung und musikalischen Intermezzi. Doch ungeklärt ist, wie es nach dem Fest weitergeht. Denn es fehlt an Personal.

Ein entsprechender Hilferuf erreicht Anna Dengel, die sich gerade in der Hauptstadt des Bundesstaates aufhält. Ohne lange zu zögern, setzt sie sich mit ihrer Mitschwester Laetitia in den Zug und erreicht anderntags Bihar. Das Projekt wird begutachtet. Der eifrige Pater präsentiert die bereits angeschafften medizinischen Instrumente, die, was den beiden Missionsschwestern sehr schnell bewusst ist, in keiner Weise den neuesten medizinischen Anforderungen entsprechen. Gleichwohl ist Mutter Dengel bereit, die Neugründung zu wagen, Sr. Laetitia erklärt sich ihrerseits bereit zu bleiben und die Arbeit und die anfallenden Mühen auf sich zu nehmen. Und aus den bescheidenen, vertrauensvollen Anfängen, dem Mut zum Wagnis und der energischen Kompetenz der qualifizierten Schwestern entwickelt sich über die Jahre hinweg ein Krankenhaus, das sich sehen lassen kann.

Um sich ein annähernd zutreffendes Bild über die Leistungen der Schwestern rund um den Globus zu verschaffen: »Laut Statistik«, heißt es in einer neueren Biografie, »wurden allein im Jahre 1957 600 000 Kranke gepflegt, 17 524 Operationen durchgeführt und ca. 10 000 Frauen haben in Krankenhäusern der Gemeinschaft entbunden.«[9]

Der Habit

Während des 5. Generalkapitels der Gemeinschaft im Jahre 1957 wird Anna Dengel erneut zur Generaloberin gewählt. Es wird ihre letzte Leitungsperiode sein. In diese Zeit fällt im Jahr 1959 die Erhebung der Gemeinschaft zu einem Institut päpstlichen Rechts. Aus den winzigen Anfängen hat sich eine weltweit etablierte Gemeinschaft entwickelt, die nun unter dem Namen *Medical Mission Sisters* (MMS) auf allen Kontinenten vertreten ist. Und die Gründerin erhält zunehmend Ehrungen: vom Land Tirol, von Ärztevereinigungen, von Universitäten, vom Heiligen Stuhl.

Als Anna Dengel schließlich nach 41 Jahren die Leitung der Gemeinschaft an die nachfolgende Generation übergibt, endet eine Ära. Sie selbst schreibt anlässlich der Einweihung des neuen Generalatshauses in Rom 1967 in einem Brief an ihre Schwestern: »Wir sind am Ende einer Ära angelangt. Mit freudigem und gutem Mut lasst uns nun eine neue Ära beginnen.«

Die neue Ära ist allerdings eine Ära der Schmerzen. Und wer in der Biografie der Ordensgründerin zu lesen versteht, vor allem zwischen den Zeilen, erahnt das Zerreißende. Es ist die Zeit des Zweiten Vatikanums und damit die Zeit der neuen Vokabeln: Öffnung, *aggiornamento*, Reform, Dialog, Demokratisierung, Fortschritt … Sie, Anna Dengel, gehört noch zu der Generation derer, die, wenn sie von der Kirche sprachen, wie

selbstverständlich von der heiligen Kirche sprachen[10] und die
Muttergottes als Sinnbild dieser Kirche ist die unverrückbare
Konstante. Darum wählte Anna Dengel als Emblem für die
von ihr gegründete Gemeinschaft ein christologisches und ein
marianisches Zeichen: das Kreuz und das Bild der Muttergottes
mit dem Titel aus der Lauretanischen Litanei *causa nostrae lae-
titiae* (»Ursache unserer Freude«).

Vielleicht sagt dieses Detail mehr als viele Worte, um den
schmerzhaften Prozess anzudeuten, den die Gründerin in ihren
späten Jahren durchlebt: Während die nachfolgende Generation sogleich das Ordensgewand abgelegt hat, das im Zeichen
der Anpassung an die Moderne als nicht mehr zeitgemäß gilt,
trägt Anna Dengel bis zu ihrem Tod ihren Habit.

Und ein zweites Zeichen bedarf gleichfalls keiner weiteren
Kommentierung. Das neue Generalatshaus in Rom, der Ewigen Stadt, für dessen Errichtung Anna Dengel lange gekämpft
und über den letztendlichen Einzug sie sich riesig gefreut hat,
dieses neue Generalat wird schon ein Jahr später nach den Be-
schlüssen der neuen Leitung verkauft.

Anna Dengel geht in den nächsten Jahren auf Reisen. Sie
besucht noch einmal wie in einem langen Abschied alte Stätten
und Häuser und Länder. Und sie widmet sich jetzt, da die administrativen Aufgaben weniger werden, mehr denn je dem Gebet als der Quelle aller Tätigkeit, dem Pfeiler im Strom.

Die Gefährtinnen

Als Anna Dengel hochbetagt in einem römischen Krankenhaus
liegt, erhält sie eines Tages Besuch von Mutter Teresa. Zwei
große, bescheidene, mutige Frauen, die zäh und zielstrebig mit
einem Glauben, der Berge versetzt, das getan haben, was Mutter Teresa in ihrer unverwechselbar präzisen, lakonischen Art
love in action genannt hat. Zwei Frauen, die Tausende und
Abertausende Kilometer in ihrem Leben zurückgelegt haben,

ohne sich zu schonen, um an der Seite der Menschen zu sein, die der Hilfe so dringend bedürfen.

Als Mutter Teresa sich anschickte – Jahrzehnte ist es her –, ihre Gemeinschaft zu gründen, ging sie zu den »Missionsärztlichen Schwestern«, um von diesen in der Krankenpflege unterrichtet zu werden. Und später bringen die »Missionarinnen der Nächstenliebe« immer wieder Arme, die sie auf den Straßen Indiens aufgelesen haben, zur Pflege zu den befreundeten Schwestern.

Und jetzt in Rom begegnen sie sich erneut am Krankenbett der Anna Dengel: die Albanerin und die Tirolerin. Und Mutter Teresa bittet die Seelenverwandte, ihr, indischer Sitte gemäß, die Hände auf das Haupt zu legen »zum Zeichen des geistigen Vermächtnisses«.[11]

Nach dem Tod Anna Dengels wird Mutter Teresa sagen: »Es ist ein wunderbares Geschenk Gottes, den Kranken und Sterbenden dienen zu dürfen. Anna Dengel hat gerade dieses Geschenk Gottes in die Kirche eingebracht.«[12]

Die Alpenrosen

Der Tod kommt in Rom. Es ist der 17. April 1980. Vorangegangen sind Jahre, in denen der Körper, den sie zeitlebens wenig geschont hat (»Man schont sich selbst nicht, wenn man liebt«, hat sie geschrieben[13]), immer schwächer wird. Ein Schlaganfall am Josefstag 1976 fesselt sie schließlich ans Bett. Besucher kommen und gehen, unter ihnen auch Kaiserin Zita.

Rom ist die letzte irdische Station der großen Weltreisenden. Und der 17. April, ihr Sterbetag, schließt den Kreis zum Ursprung hin. Denn exakt 67 Jahre zuvor, auch an einem 17. April, ist Agnes McLaren gestorben, die schottische Ärztin, der Anna Dengel als Inspiratorin und *chère amie* so viel zu verdanken hatte.

Beerdigt wird Anna Dengel auf dem Campo Santo Teutonico in Rom. Auf der Grabplatte steht in schlichten Lettern:

»M. Anna Maria Dengel Gründerin S.C.M.M. ⋆ 16. März 1892
† 17. April 1980«. – »Ehe die Steinplatte verschlossen wurde«, so
heißt es in einer biografischen Würdigung, »ist ein Sträußchen
Alpenrosen aus dem Lechtal in das Grab geworfen worden und
es fiel eine Handvoll Erde vom Grab ihrer Mutter auf dem
Friedhof neben dem Elternhaus in Steeg auf den glatten Metall-
sarg mit dem einfachen Kupferkreuz.«[14]

»Kluger Mut«

Früh hatte Anna Dengel verstanden, dass es nicht genügt, aus-
gebildete medizinische Laienschwestern in die Missionsgebiete
zu schicken. Sie wusste aus Erfahrung, dass dieses Experiment
zum Scheitern verurteilt wäre, da die dorthin Gesandten letztlich vereinsamt und ohne Bindung in einem fremden Umfeld
der Last der Aufgaben nicht gewachsen sein würden.

Einem Priester gegenüber, der eben dieses Experiment ge-
wagt hatte, hatte sie sogleich ihre Bedenken geäußert, und sie
hatte recht behalten. Auf die Frage des Priesters, was denn zu
tun sei, hatte sie hellsichtig geantwortet: »Man muss eine Kongregation gründen, deren Zweck und Ziel es ist, medizinisch
geschulte Schwestern in die Missionsländer zu schicken.«[15]
Hier in einer solchen Kongregation kann den Gesendeten der
notwendige geistliche und menschliche Rückhalt zuteilwerden,
der sie trägt und stärkt.

Eine solche Kongregation hat Anna Dengel schließlich gegründet. Ohne ihren Mut und ihr forsches tirolerisches Tem-
perament, welches ihr offensichtlich in die Wiege gelegt wurde,
wäre dies nicht möglich gewesen.

Ihr Mut, der ein kluger Mut war – gemäß dem Wort, welches
sie einmal ihren Schwestern geschrieben hatte: »Unsere Zeit
verlangt klugen Mut«[16] –, war, wenn wir es recht sehen, ein
dreifacher.

Zum einen ist da die Couragiertheit einer jungen Frau. 1892 geboren, wächst sie in einer Zeit auf, in der etwa das Studium für Frauen durchaus nicht selbstverständlich war. Angst oder übervorsichtige Grübeleien scheinen ihrem Naturell nicht entsprochen zu haben. Sie ist gerade einmal Anfang dreißig, als sie, lediglich von einer anderen Frau und der dreiköpfigen Schiffsbesatzung begleitet, die Überfahrt nach Amerika wagt. Die Courage der jungen Anna Dengel, die man ihrem jugendlichen Elan zuschreiben mag, hat sie freilich auch in ihren reifen Jahren nicht verlassen. Keine Strapazen, keine klimatischen Verhältnisse, keine Geldsorgen können sie bremsen, wenn es darum geht, das Apostolat, für das ihre Gemeinschaft kämpft, fruchtbar zu machen.

Zu dieser mutigen Entschlossenheit, sich als Frau den Weg zu erkämpfen, gesellt sich der Mut der Pionierin, Neues zu wagen, vorausgesetzt sie ist überzeugt davon, dass dieses Neue zugleich das Richtige ist. Schon seit Beginn der Gründung erreichen Anna Dengel stets neue Anfragen aus allen Kontinenten mit der Bitte, Schwestern in die Notstandsgebiete zu entsenden. Und wenn es irgend praktikabel erscheint, macht sich Anna Dengel auf den Weg und sondiert die Lage. Überhaupt: Ohne Anna Dengels forschen Mut, sich jahrzehntelang auf Inspektionsreisen zu begeben, die oft genug äußerst strapaziös waren, wäre die missionsärztliche Gemeinschaft nicht zu der weltweiten Missionsgesellschaft geworden, wie sie sich schließlich entwickelt hat.

Und zu guter Letzt ihr Mut, radikal aus der Kraft des Gebetes und des Glaubens an die gütige Vorsehung unbeirrt vorwärtszugehen. Sie wusste, dass das Wesentliche nicht im Tun besteht, sondern darin, von der Gnade abhängig zu sein. Als sie nach den wegweisenden Berufungsexerzitien in Innsbruck erfährt, dass ihre tiefsten Bestrebungen mit den Plänen Gottes im Einklang stehen, schreibt sie: »Obschon ich nicht die geringste Ahnung hatte, wie, wann und wo ich das tun könnte, war ich für alles bereit. Eine schwere Last fiel mir durch diese

Entscheidung vom Herzen, denn sie traf wie ein Schuss die Zielscheibe und war in voller Übereinstimmung mit meiner eigenen innersten Überzeugung. Ich war bereit.«[17] Dieses Vertrauen in die Vorsehung bleibt ihr ganzes Leben lang bestehen, weswegen sie trotz all ihrer administrativen und organisatorischen Begabungen, trotz ihres unermüdlichen Wirkens und Pläneschmiedens und ihrer Weltreisen die Mitte des Apostolates nie aus dem Auge verliert: »Das ist unser Auftrag: Gott zu verherrlichen und unser eigenes Licht leuchten zu lassen, indem wir unser gutes Werk tun.«[18] Oder wie sie ein andermal sagt: »Wir müssen danach streben, immer liebenswürdig, freundlich, geduldig, gütig, verständnisvoll und demütig zu sein – das ist wichtiger, als große Zahlen von Patienten nachzuweisen, denen christlich zu begegnen über unsere Kräfte ginge.«[19]

Manche oder auch viele mögen diese radikale Bereitschaft für verrückt halten. Sie wusste, dass die Bereitschaft, gelebt im Angesicht Gottes, Flügel verleiht, beziehungsweise wie der Psalmist sagt, die Fähigkeit gibt, Mauern zu überspringen.

Dabei blieb sie stets die handfeste, realistische, starke Frau, die auch mit der notwendigen humorvollen Einstellung lebte, was sie forderte: »Ich hasse das, was man *nonnenhaft* nennt, nichts in unserem religiösen Leben soll kalt, oberflächlich oder äußerlich sein. Mein Ideal ist es, dass in unserer Gemeinschaft das religiöse Leben tief, ehrlich, einfach und erleuchtet sein soll.«[20]

Die Gnade, davon konnte sie ein Lied singen, fordert viel, fordert Opfer, denn sie ist kein verzärteltes Ereignis. Doch Anna Dengel wusste auch dies: Nur in der Gnade vermag man vorwärtszugehen, denn die Gnade ist, wie die Patronin der Mission, die heilige Therese vom Kinde Jesus, gesagt hat, tatsächlich alles: *Tout est grâce.*

Aussprüche der Ärztin

»**Wenn du wirklich liebst,** bist du erfinderisch.
Wenn du liebst, versuchst du zu verstehen, bist du
interessiert.
Wenn du wirklich liebst, bist du geduldig, bist du langmütig,
passt du dich an.
Wenn du liebst, möchtest du geben, bist du unermüdlich,
selbstlos und großzügig.
Wenn du liebst, versuchst du, wirklich zu dienen und nicht
nur zu arbeiten.
Man schont sich nicht, wenn man liebt.«[21]

»Man könnte immer fragen, warum wir eine Mission hier
beginnen und nicht dort – ebenso könnte man fragen,
warum wir es überhaupt tun. Letztlich ist die Antwort:
Nur Gott weiß es.«[22]

»Unsere Berufung ist schön, unsere Arbeit ist schön, wir
müssen glücklich sein, dass Gott uns gerufen hat.«[23]

»Hingabe ist notwendig, aber sie genügt nicht; Fachwissen
allein ist armselig ohne Zielsetzung. Wenn beides zusam-
menkommt, ist es herrlich.«[24]

»Einen Sinn für Humor sollen Missionarinnen haben.
Wenn ihr diesen nicht habt, wird das Leben steif, hart und
ernst.«[25]

Takashi Nagai

3. 2. 1908–1. 5. 1951

Der Friede
oder
»Fundamente im Dunkeln ausheben«

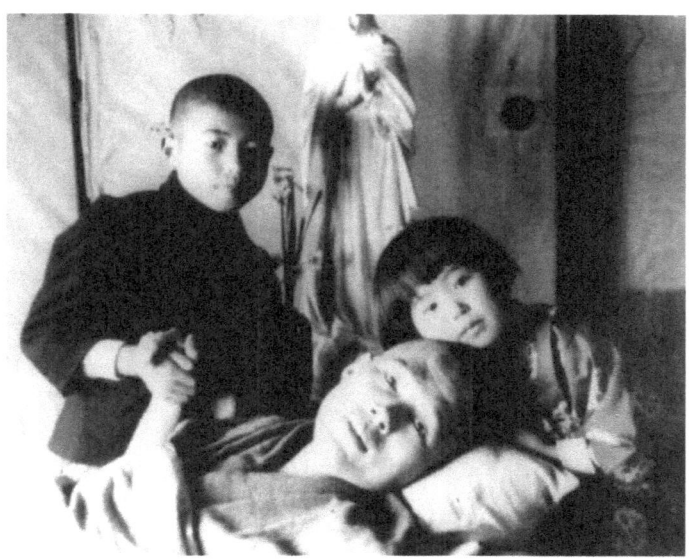

Der bettlägerige Takashi Nagai mit seinen beiden Kindern

Er hat einen großen Kopf. Das kostet ihn fast das Leben. Denn als es zur Entbindung kommt, schlägt der Arzt der Mutter vor, den Kopf des Ungeborenen, der zu groß sei und nicht durch den Geburtskanal gehe, zu zertrümmern. Die Mutter lehnt dies vehement ab. Dank ihres resoluten Einspruchs kommt er am 3. Februar 1908 zur Welt. Er erhält den Namen Takashi, was Vornehmheit bedeutet.

Seine Eltern, shintoistischen Glaubens und der Samurai-Tradition verpflichtet, leben in der Nähe Hiroshimas. Sein Vater ist praktizierender Landarzt, die Mutter assistiert ihrem Mann. Der Knabe Takashi wird sich später daran erinnern, wie seine Eltern gemeinsam medizinische Bücher studierten und wie das Studium auf diese Weise zum selbstverständlichen Teil des Alltags wurde.

Gemäß japanischer Tradition wird der Junge früh zum weiteren Schulbesuch zu Verwandten in die entfernte Stadt Matsue geschickt. Er ist 12 Jahre alt, man schreibt das Jahr 1920, und er erlebt in den nächsten Jahren eine Ausbildung, die die westlichen Standards der Technikbegeisterung, der Wissenschaftshörigkeit und des Ressentiments beziehungsweise der subtilen Zersetzung jeglicher spiritueller Traditionen bereitwillig übernimmt. Sein Entschluss, sich nach der Hochschulreife der medizinischen Forschung zu widmen, steht fest. Und ein Weiteres gilt für ihn als ausgemacht: dass das Reden von der Seele »albernes Gerede« ist, »von scheelsüchtigem Alter vorgebracht, um die Lebenslust der Jugend zu dämpfen«.[1] Er ist Atheist, wie er von sich selbst sagt, und schreibt sich 1928 in der Universität zu Nagasaki für das Studium der Medizin ein.

Pascal

In diesem materialistischen Panzer, gewoben aus jugendlicher Selbstgefälligkeit, Glauben an die rettende Macht der Naturwissenschaft und Vernarrtsein in das blendende Funkeln des

Fortschritts und seiner Versprechungen, entstehen – neben der Poesie, deren strenge Schönheit und herzzerreißende Hingabe er liebt – zwei Risse, die Nagai nicht mehr zur Ruhe kommen lassen.

Der erste bildet sich beim Tod seiner Mutter. Er hat das zweite Studienjahr hinter sich, ist guter Dinge, bei den Kommilitonen geschätzt, genießt das Leben, ist kein Freund von Traurigkeit und ist ein junger Mann von 22 Jahren. Da trifft ein Telegramm seines Vaters ein mit den eindringlichen Worten: »Komm nach Hause!«

Er macht sich sogleich auf den Weg. Zu Hause erwartet ihn seine sterbenskranke Mutter, die nach einem Schlaganfall zwar noch bei Bewusstsein ist, aber schon nicht mehr in der Lage zu sprechen. Mutter und Sohn schauen sich wortlos an. Takashi hält ihre Hand. Die Mutter, so scheint es, hat auf diese letzte Begegnung gewartet. Es ist ein Abschied, der für immer verwundet. Wenige Minuten später ist die Mutter tot.

»Ich eilte an ihr Krankenbett«, so Takashi später, »sie atmete noch. Sie schaute mir tief in die Augen und dann kam das Ende. Mit diesem letzten durchdringenden Blick durchbrach meine Mutter das ideologische Konstrukt, das ich mir aufgebaut hatte. Diese Frau, die mich auf die Welt gebracht und aufgezogen hatte, diese Frau, deren Liebe für mich nie aufgehört hatte ... in diesen letzten Augenblicken ihres Lebens sprach sie deutlich zu mir! Ihre Augen sprachen zu meinen und sagten mit Entschiedenheit: Deine Mutter verabschiedet sich nun in den Tod, doch ihr lebendiger Geist wird an der Seite ihres kleinen Lieblings sein, Takashi. Ich, der so sicher war, dass es so etwas wie einen Geist nicht gab, wurde nun eines Besseren belehrt; und ich konnte nichts anderes tun, als zu glauben! Die Augen meiner Mutter hatten mir mitgeteilt, dass der menschliche Geist nach dem Tod weiterlebt. All dies geschah durch eine Intuition, eine Intuition, die zur Überzeugung führte.«[2]

Hier redet kein Gefühlsbenebelter. Die Erfahrung, die Takashi macht, ist Erkenntnis, die wie jede Erkenntnis zwar durch die Sinne vermittelt wird, aber zugleich in Zonen reicht, die tiefer liegen als das bloß sinnlich Erfasste. Darum auch ist für den, der dieser Erkenntnis teilhaftig wird, diese nicht ausradierbar, geschweige denn durch Geschwätzigkeit zu leugnen. Takashi ist Wissenschaftler genug, um zu wissen, dass die Erfahrung, die er gemacht hat, bleibt, denn sie ist ein Faktum. Und dieses Faktum in seiner unerschütterlichen Luzidität wird begleitet von einer zweiten Tatsache, die gleichfalls zutrifft, und dies ist die Lektüre von Blaise Pascal.

Das Gedankengut des französischen Mathematikers und Philosophen (1623–1662) begegnet Nagai im Lauf seines Lebens immer wieder. Während seiner Gymnasialzeit kommt es zu einem ersten Kontakt mit dem französischen Geistesmann, als der Schüler mit dem berühmten Satz aus Pascals *Pensées* (»Gedanken«) konfrontiert wird: »Nur ein Schilfrohr, das zerbrechlichste in der Welt, ist der Mensch, aber ein Schilfrohr, das denkt.«[3]

Im Studium geht die Bekanntschaft mit Pascal weiter. Er entdeckt mehr und mehr, dass Pascal ein großer Wissenschaftler seiner Zeit ist. Er besorgt sich schließlich die *Pensées*, und dieses Buch wird fortan sein ständiger, ihn nicht zur Ruhe kommen lassender Begleiter. Denn das Erstaunliche geschieht: Obwohl 300 Jahre den französischen und den japanischen Denker trennen und obwohl erhebliche Unterschiede zwischen der europäischen und der asiatischen Kultur eine Barriere bilden, kommt es zwischen Pascal und Nagai über alle Hindernisse hinweg zu einem mitreißenden, fruchtbaren Gespräch, welches nicht verstummt.

Die Pascal'sche Suche nach der Wahrheit, und zwar nicht nach irgendeiner Wahrheit, sondern nach der absoluten Wahrheit und somit nach dem Fundament, welches tatsächlich trägt, wird mehr und mehr zu Nagais eigener Denkweise. Die Frage nach dem Sinn des Lebens, die Frage nach dem Woher und dem Wohin sind in Pascals *Gedanken* permanent präsent und fallen bei Nagai auf fruchtbaren Boden. Er gibt sich nicht länger zufrieden mit materialistischen, platten Antworten, die mehr verwirren als klären: »Fünf Jahre lang war ich sehr beunruhigt wegen einer leisen Stimme, die ich hörte, ob ich wachte oder schlief: Was ist der Sinn des Lebens? Ich las die Lebensgeschichten von allen möglichen Menschen auf der Suche nach dem Sinn des Lebens, doch je mehr ich las, desto komplexer wurde die Frage. [...] Selbstverständlich weiß ich heute, dass einige Philosophen nur auf Effekte aus sind. Sie schreiben für eine Leserschaft, die enttäuscht wäre, wenn die Dinge zu klar und einfach wären! Der ehrlich Suchende wird nur verwirrt von diesen unseriösen Wortkünstlern. Ich versuchte verbissen, den demoralisierenden Argumenten etlicher moderner Philosophen zu folgen, die letztendlich sagten, dass das Leben unbegreiflich sei. Doch je mehr ich über mich selbst nachdachte, desto mehr begann ich zu verstehen, dass Geburt, Leben und Tod zielgerichtet sein können und sollten.«[4]

Midori

Wer die Frage nach dem Sinn des Lebens stellt, dies zeigen ungezählte Lebensläufe, kommt unweigerlich bei der Frage nach Gott an. Gibt es Gott? Wenn ja, wer ist Gott?

Naturgemäß ist es Takashi Nagai nicht entgangen, dass in Nagasaki eine christliche Kommunität lebt. Ein Blick aus dem Fenster des Universitätsgeländes genügt. In der Nähe ragt die rote Backstein-Kathedrale des Vororts Urakami in den Himmel, das Heiligtum der in Nagasaki lebenden katholischen Christen, und das Geläut der Glocken der Kathedrale ist nicht zu überhören. Doch die Fremdheit, die bislang von dem Anblick der Kathedrale ausging, beginnt zur Frage zu werden. Und es zeichnet den Wissenschaftler Nagai in seinem Drang nach Erkenntnis und aufrichtiger Wahrheitssuche aus, dass er diese Suche nicht vorzeitig abbricht. Das Halbherzige, Unfertige ist nicht seine Agenda. Wer wissen will, hat bis zum Äußersten zu gehen. Die Fragen verlangen nach klaren Antworten. Wem ist zuzustimmen? Pascal, dem Gelehrten, der von den Einsichten des Herzens spricht, von denen der Verstand nichts weiß *(Le cœur a ses raisons que la raison ne connaît pas[5])*, und der die metaphysischen Wirklichkeiten der Gnade, der Ewigkeit, der Erlösung, des Gebetes und der Seele zur Sprache bringt, oder dem Atheisten Nagai, der an die Allmacht der Ratio glaubt? Hat Pascal recht, wenn er feststellt: »Wer die Eitelkeit der Welt nicht sieht, ist selbst eitel«?

Nagai geht zu guter Letzt auf die Wette Pascals ein.[6] Er nähert sich dem Glauben auf die Weise, dass er sich zur Untermiete bei einer katholischen Familie in Urakami einquartiert mit der bewussten Absicht, auf diese Weise das ihn beunruhigende Objekt der religiösen Frage *ad oculos* (»mit eigenen Augen«) zu erforschen.

Die Familie, die ihn aufnimmt, ist die Familie Moriyama, deren Tochter Midori als Lehrerin außer Haus lebt. Es ist eine Familie, die zum katholischen Uradel Japans zählt. Seit den Zeiten des heiligen Jesuiten Franz Xaver (1506–1552), der als Missionar den katholischen Glauben nach Japan brachte, sind die Katholiken immer wieder mörderischen Verfolgungen ausgesetzt gewesen. Die Moriyamas haben in dieser Bedrängnis über Generationen hinweg den Glauben in grandioser Treue und Tapferkeit weitergegeben – im Verborgenen, wenn die staatliche Repression sie dazu nötigte, oder im öffentlichen Bekenntnis, wenn die Regierung es gestattete. Hier in dieser einfachen, starken, katholischen Familie, deren Haus zweieinhalb Jahrhunderte lang der geheime Treffpunkt der verborgenen Christen Nagasakis war, findet der Medizinstudent Takashi Nagai Ende 1931 eine neue Bleibe.

Er bleibt bis Januar 1933, als er zum Krieg einberufen wird, den Japan in der Mandschurei gegen China führt. Die Zeit bei den Moriyamas ist eine Zeit innerlicher wie äußerlicher Reifung. Das gelebte Christentum, welches Nagai erfährt, berührt ihn. Seinem analytischen Kopf entgeht nicht, dass die ihn beherbergende Familie aus einer Haltung der Festigkeit und sicheren Gewissheit heraus lebt, die ihm schmerzlich fehlt. Die Einladung zum Besuch der Christmette in der benachbarten Kathedrale, die er, für ihn selbst überraschend, annimmt, bestätigt ihm während der Feier den Eindruck einer liebevollen Präsenz und Schönheit, die das technisch-rationale Credo übersteigt. Das tägliche frühmorgendliche Gebet seiner Logiergeber, welches er von seinem Zimmer aus vernimmt, wird gemeinsam mit dem Läuten der Glocken der benachbarten Kathedrale zum Rhythmus, der seinen eigenen Tagesablauf begründet.

Und der angehende Mediziner Nagai erfährt plötzlich etwas, was ihn aus der Bahn wirft – die Nähe des Todes.

Es ist März 1932. Er hat gerade glänzend seine medizinischen Abschlussprüfungen bestanden, wird mit einer Medaille ausgezeichnet und von der Universitätsleitung als Redner für die wenige Tage später stattfindende Abschlussveranstaltung auserkoren. Aber es kommt ganz anders.

Gemeinsam mit befreundeten Kommilitonen feiert Nagai den gelungenen Abschluss. Man geht in ein Lokal, man isst, trinkt, vergnügt sich. Spät in der Nacht, als man sich trennt, ist Nagai sturzbetrunken und macht sich zu Fuß bei Nieselregen auf den Weg nach Hause. Dort angekommen, legt er sich in seiner durchnässten Kleidung ins Bett. Sein Unwohlsein am anderen Tag, die Ohrenschmerzen, die Kopfschmerzen, die lähmende Gliederschwere übergeht er, indem er Schmerztabletten nimmt und weiterhin, wie er meint, seinen Rausch ausschläft. Doch der darauffolgende Tag ist katastrophal. Beim Erwachen stellt er fest, dass er beinahe nichts mehr hört. Er schafft es mit Müh und Not, sich anzukleiden und sich ins Krankenhaus zu schleppen. Die Diagnose lautet auf akute Mittelohrentzündung und Verdacht auf Meningitis. Anschließende Untersuchungen bestätigen den Verdacht, eine Operation ist notwendig.

Danach schwebt Nagai wortwörtlich zwischen Leben und Tod. Er fällt immer wieder ins Delirium, Zeiten des Wachseins und der Krise wechseln einander ab. Eine ältere Frau, von den Moriyamas beauftragt, wacht kontinuierlich an seinem Bett und betet für den schwer kranken Patienten. Als die akute Lebensgefahr endlich vorüber ist und der Patient allmählich wieder zu Kräften kommt, ergibt sich der niederschmetternde Befund, dass Nagai auf seinem rechten Ohr für immer taub sein wird. Damit sind seine Zukunftspläne schlagartig gescheitert. Denn zur Laufbahn eines Allgemeinarztes gehört es, dass er fähig ist, das Stethoskop zu bedienen, was für einen hörgeschädigten Arzt freilich unmöglich ist. Ein unverhoffter Ausweg aus dem Dilemma ergibt sich, als Nagai eine Assistentenstelle beim Leiter der radiologischen Abteilung angeboten wird. Er muss sich ohne lange Bedenkzeit entscheiden. Er sagt Ja. Damit aber beginnt sein ärztlicher Weg eine Wende zu nehmen, die ungeahnte Ausmaße haben wird.

Und eine zweite Todeserfahrung stellt sich ein. Diesmal betrifft es die Tochter seiner Vermieter, Midori.

Es ist in der Weihnachtszeit desselben Jahres. Midori, die ansonsten außerhalb der Stadt als Lehrerin tätig ist, verbringt die Ferien bei ihren Eltern. In der Nacht wird der junge Arzt von Midoris Vater geweckt, weil die Tochter starke Schmerzen hat. Nagai untersucht sie und diagnostiziert eine akute Blinddarmentzündung. Es gilt, nicht länger zuzuwarten. Draußen wütet ein Schneesturm, darum würde die Ankunft eines Taxis zu lange dauern. Nagai trägt die Patientin schließlich, begleitet vom Vater der Erkrankten, der vorangeht und mit der Laterne leuchtet, durch den Schnee zum Krankenhaus. Die Operation wird sogleich durchgeführt. Midori ist damit außer Gefahr. Sie weiß, dass sie Nagai ihre Rettung verdankt. Und sie vergisst das nicht.

Midori wird in den kommenden Jahren die verborgene, stille, unerschütterliche Kraftquelle für Nagai sein, die Frau, welche im Buch der Sprichwörter (31,10) mit den Worten gerühmt wird: »Eine tüchtige Frau, wer findet sie?« Als Nagai 1933 zum Kriegsdienst einberufen wird, ist sie es, die ihn betend aus der Ferne begleitet und trägt, und er weiß auf eine unergründliche und zugleich trostvolle Art, dass es so ist. Sie schreibt ihm an die Front und in einem Paket schickt sie ihm einen kleinen Katechismus und sie sendet ihm ihre kleinen Gaben der Zuneigung. Und er, eingesetzt als Militärarzt an der Front, erlebt derweil den Horror des Krieges: die zerfetzten jungen Körper, die Verzweiflung der Verwundeten, die Amputationen, das blutige Sterben, die eigene Hilflosigkeit angesichts eines Elends, welches unermesslich ist. Und wen wundert es, dass seine stolze Anhänglichkeit an die herrischen Leistungen der Wissenschaft und Technik, sein optimistisches Loblied auf die Errungenschaften der modernen Ratio auf dem Schlachtfeld der Verwüstungen und der Vergänglichkeit ins Wanken geraten.

Paul

Als er ein Jahr später heimkehrt und aufs Neue seine radiologischen Forschungen am Universitätsinstitut aufnimmt, ist er nicht mehr derselbe. Seine Illusionen sind vergangen. Die Frage nach dem Sinn des Lebens ist drängender denn je. Er hat sich vom Atheisten zum Agnostiker gewandelt. Diejenigen, die ihn kennen, bemerken, dass er ein anderer geworden ist. Er ist der müde Heimkehrer, der Soldat, der operiert und der die Schrecken des Krieges gesehen hat und der um die Gefahr der Verzweiflung weiß. Der gebrechliche Pfarrer der Kathedrale, dessen Vorfahren unter schrecklichen Foltern und Verfolgungen treu zum christlichen Glauben standen, wird in den nächsten Monaten sein geduldiger Zuhörer und Ratgeber. Ein anderer Zeuge, dessen jüngerer Bruder vor den Augen des älteren einem grausamen Martyrium ausgesetzt wurde, berichtet Nagai ohne jegliche Verbitterung von den unfassbaren Wegen der Vorsehung Gottes.

Nagai, der stets beides ist, Forscher und Praktiker, Analytiker und Poet, Wissenschaftler und Dichter, beginnt schließlich die Pascal'sche Maxime des Gebets in die Tat umzusetzen. Er geht, wie Pascal empfiehlt, auf die Knie. Er studiert die Bibel und den Katechismus, lässt sich in der Liturgie unterweisen und geht gleichzeitig in den katechetischen Unterricht zu einem einfachen Katholiken, einem Hausmeister, dessen Weisheit keine akademische ist, sondern die Weisheit der Kleinen, die den Klugen verborgen ist.

Was Nagais Suche erschwert, ist der väterliche Widerstand gegen die Ambitionen des Sohnes. Die Familie pflegt die altehrwürdigen japanischen religiösen Traditionen. Vom Sohn wird vorausgesetzt, dass er sich ohne Widerrede in die shintoistische und konfuzianische Überlieferung eingliedert. Zudem gefährdet, was auch Nagai bewusst ist, sein Interesse am Christentum seine akademische Karriere.

In dieser Zeit des zerreißenden Forschens und Abwägens und der leidenschaftlichen Wahrheitssuche wird Pascal, wie so viele Male zuvor, zum Leuchtturm, der alle Zweifel und falschen Rücksichtnahmen im hellen Licht definitiver Erkenntnis aus dem Weg räumt. Es ist dieses Wort, welches entscheidet: »Es gibt Licht genug für die, welche nichts anderes wollen als sehen, und Dunkelheit genug für die, welche eine entgegengesetzte Veranlagung haben.«[7] Nagai hat die Wahl: Will er das Licht oder will er die Finsternis? Und Nagai entscheidet sich für das Licht.

Im Sommer 1934 empfängt er das Sakrament der Taufe. Als seinen Namenspatron wählt er den japanischen Märtyrer Paul Miki, der 1597 in Nagasaki mit 25 anderen christlichen Gefährten gekreuzigt worden ist.

Zwei Monate später heiratet er Midori. Zuvor klärt er seine zukünftige Frau über die Gefahren seines Berufes auf. Die Radiologie befindet sich in Japan in ihren ersten Anfängen, das heißt, die Gefahren der Röntgenstrahlung sind noch nicht gemeistert. Berühmte Kollegen haben sich tödliche Krankheiten zugezogen. Das Fach der Röntgendiagnostik ist, so Nagai, eine unsichere Wissenschaft. Dennoch will er zum Wohle der Menschen im radiologischen Sektor weiterarbeiten. Midori, die durchaus die Gefahren erkennt, gibt gleichwohl ihr Jawort. Im Sommer findet die Hochzeit statt.

Takashi Nagai wird in den kommenden Jahren in vielen Bereichen gefordert sein. Er ist Ehemann und Familienvater (zwei Kinder, ein Junge und ein Mädchen, werden geboren). Er ist der unermüdliche Forscher und renommierte Radiologe, der in Fachzeitschriften publiziert, Vorträge hält, zum Leiter des medizinischen Personals am Universitätskrankenhaus ernannt wird und schließlich eine Professur erhält. Er ist Mitglied der Vinzenzgemeinschaft, die sich der armen Bevölkerungsschichten annimmt, und Organisator karitativer Hilfsprogramme. Er ist der Arzt, der sich für die Menschen hingibt und eines Tages im Universitätskrankenhaus zusammenbricht, literweise schwärzliches Blut erbricht, die Letzte Ölung empfängt und wieder genest. Und er ist neuerlich der (später hochdekorierte) Offizier, der von 1937 bis 1940 in den Japanisch-Chinesischen Krieg einberufen wird und als Militärarzt wiederum operiert, rettet, verbindet, zu Grabe trägt und irgendwann notiert: »Ich weiß nun, dass ich nicht nach China gekommen bin, um jemanden zu besiegen oder einen Krieg zu gewinnen. Ich bin gekommen, um den Verletzten zu helfen, den Chinesen genauso wie den Japanern, den Zivilisten genauso wie den Soldaten.«[8]

Da Japan in den 1940er-Jahren zu den Industrienationen mit der höchsten Rate an Tuberkuloseerkrankungen gehört, beginnt Nagai damit, die gesamte Bevölkerung Nagasakis röntgendiagnostisch zu untersuchen, um so die Tbc bereits im Frühstadium zu erfassen. Hinzu kommen die vielen Verwundeten aus den Kriegsgebieten, die mit Verdacht auf Tbc eingeliefert werden. Zehntausende Patienten sind es schließlich, die Nagai untersucht, und viele Patienten röntgt er selbst. Er wird zum Experten auf dem Gebiet der Strahlenforschung und er verausgabt sich, da er sich nicht schont. Der Preis, den er für seinen Einsatz bezahlt, ist hoch, sehr hoch. Es beginnt mit Erschöpfungszuständen, die sich ins Extreme steigern. Dann kommen Anfälle von Zittern und seltsame Zeichen an seinen Händen hinzu. Ein Kollege überredet ihn endlich dazu, sich selbst röntgen zu lassen. Es ist im Juni 1945.

Die Diagnose, nach eingehender Analyse auf einem Datenblatt registriert, ist niederschmetternd: »Der Patient Nagai hat eine unheilbare Leukämie. Lebenserwartung: zwei bis drei Jahre. Tod: schleichend und schmerzhaft.«[9]

Der Präsident der Universität drückt sein Mitgefühl aus: »Sie sind krank, weil Sie sich um die langen Schlangen von Patienten gekümmert haben, die Hilfe brauchten, und kein anderer war da, der sie röntgen konnte, außer Ihnen.«[10]

Am Abend desselben Sommertages teilt er Midori nach seiner Vorlesungstätigkeit das Verhängnis mit. Er ist von Schuldgefühlen gepeinigt, weil er bei all seiner Forschungstätigkeit zu wenig an seine Familie gedacht hat. Midori hört ihm zu, geht dann schweigend zum Familienaltar, auf welchem das Kruzifix steht, welches ihre Familie in der 250-jährigen Geschichte der Verfolgung als kostbares Gut bewahrt hat, betet, ist ins Mark getroffen, verweilt, bis sie nach einer Weile sich zu ihrem Mann hinwendet und sagt: »Vor unserer Hochzeit und bevor du das zweite Mal nach China gingst, haben wir besprochen, dass wir zur Ehre Gottes leben wollen und dass sowohl das Leben als auch der Tod schön sind. Du hast alles, was dir zur Verfügung stand, für eine sehr, sehr wichtige Arbeit eingesetzt. Es geschah zu Seiner Ehre.«[11]

Nagasaki

Das Datum geht in die Geschichte ein. »Es war etwas über elf Uhr«, so wird Takashi Nagai in seinem berühmten Rechenschaftsbericht »Die Glocken von Nagasaki«, der als Buch wie als Film Weltruhm erlangte, notieren. »In meinem Zimmer, das im ersten Stock über den Behandlungsräumen für poliklinische Kranke im Haupthaus lag, war ich damit beschäftigt, Röntgenfotos zur Unterweisung meiner Studenten in der Diagnostik ambulanter Patienten zu sortieren. Ein Blitz flammte auf. Ein Schock! Für einen Sekundenbruchteil glaubte ich, eine Bombe sei im Eingang explodiert. Ich warf mich zu Boden, aber erreichte ihn nicht. Im selben Moment flogen die Fensterflügel auf, und ein furchtbarer Windstoß warf meinen Körper in die Luft. Mit offenen Augen wurde ich davongetragen. Glassplitter flogen herum wie Herbstlaub im Wind. Ich werde mich schneiden, fuhr es mir durch den Sinn, und wirklich drangen Splitter auf der ganzen rechten Seite mir in den Leib. Tiefe Wunden über dem rechten Auge und Ohr spien warmes Blut aus, das mir über Wange und Nacken rann. Schmerz fühlte ich nicht. Eine riesige, unsichtbare Faust schien alles im Raum herumzuwirbeln. Bettzeug, Stühle, Regale, Helme, Schuhe und Kleidungsstücke wurden wahllos herumgeworfen und fielen, als ich endlich am Boden lag, mit großem Getöse auf mich nieder. Eine dicke, stinkende Luft drang in meine Nase und drohte mich zu ersticken. Meine Augen waren weit aufgerissen und starrten nach dem Fenster. Ich gewahrte, wie es draußen dunkel wurde.«[12]

Es ist die Finsternis der Atombombe, die am 9. August 1945 auf Nagasaki abgeworfen wird, nachdem bereits zuvor Hiroshima durch eine Atombombe verwüstet wurde. In wenigen Minuten ist Nagasaki ein Trümmerfeld aus Bränden, Asche und Tod. 72000 Menschen sterben, 100000 sind schwer verletzt. Augenzeugen schildern das Erlebte als Hölle, um dem Unfassbaren einen Namen zu geben.

Das Universitätskrankenhaus, in dem Nagai arbeitet, ist schwer beschädigt, die Mehrzahl der Patienten und Kollegen ist tot. Nagai überlebt, da Mitarbeiter ihn befreien. Und trotz seiner eigenen Verwundung setzt er sich am Tag der Tragödie wie auch am kommenden Tag für die Rettung und Bergung anderer Überlebender ein. Das Chaos, welches ihn und sein

Team umgibt, ist grenzenlos. Seine früheren Erfahrungen als
Arzt in Kriegsgebieten kommt ihm zugute. Er organisiert, steu-
ert der sich ausbreitenden Panik entgegen, versorgt notdürftig
Verwundete, hilft bei der Evakuierung von Patienten aus akuten
Gefahrenzonen. Am Nachmittag des 10. August bricht er aufgrund des hohen Blutverlusts zusammen und muss selbst verarztet werden. Am darauffolgenden Tag, dem 11. August, als
die medizinische Ablösung eintrifft, kann er sich auf den Weg
nach Hause machen.

Aber sein Zuhause gibt es nicht mehr. Er findet Schutt und
Asche vor. Seine Vorahnung, die ihn tags zuvor plötzlich traf,
nämlich dass Midori unter den Toten ist, bestätigt sich. Es ver-
bleibt ihm nur, ihre Knochen einzusammeln. Und zwischen
dem Knochenstaub der rechten Hand seiner Frau sieht er etwas
blitzen. Es ist, geschmolzen und gleichwohl noch erkennbar, ihr
Rosenkranz.

Was bleibt?

Die beiden Kinder haben die Katastrophe überlebt, da sie vor
dem Unglück mitsamt der Großmutter in die Berge geschickt
worden waren. Seine geliebte Frau ist tot. Seine Hoffnung, an
der Seite Midoris zu sterben, bleibt unerfüllt. Seine wissenschaftliche und literarische Bibliothek hat sich in Rauch aufge-
löst. Seine Militärorden, Medaillen und sonstigen Auszeichnungen sind nur noch entstellte Klumpen Metall. Seine Forschungsarbeit im Spital ist vernichtet, die Sammlung an
Röntgenbildern und der Ertrag jahrelanger akribisch-wissen-
schaftlicher Tätigkeit besteht nicht mehr. Die Kathedrale, sein
geistliches Zuhause, ist nur noch eine Ruine. Selbst sein Neues
Testament, sein tägliches *Vademecum,* ist Asche. Was bleibt?

Nachdem er die sterblichen Überreste seiner Frau beerdigt
hat, bricht Nagai zusammen. Er ist mehrere Stunden lang be-
wusstlos. Im Morgengrauen des neuen Tages steigt tief innen

aus Tiefen, die kein Lot ermessen kann, die unverbrüchliche und nicht auslöschbare Zusage des Herrn auf: »Himmel und Erde werden vergehen, aber meine Worte werden nicht vergehen« (Mt 24,35).

Später findet er bei Aufräumarbeiten in den Trümmern seines Hauses das Familienkruzifix: »Das Kreuz unseres Hausaltars. Der Sockel aus Holz war natürlich verbrannt, der Christuskörper aus Bronze aber ist unversehrt erhalten geblieben, weder verbogen noch verletzt. Es ist dies Kruzifix ein Stück von geschichtlicher Herkunft, aus der Verfolgung der frühen Tokugawa-Zeit insgeheim von Geschlecht zu Geschlecht überliefert. Mein ganzes Vermögen habe ich eingebüßt, dieses Kruzifix aber blieb mir erhalten.«[13]

Nyokodo

Aus dem erfahrenen Dunkel der Vernichtung erwächst in den nächsten Jahren die Ausstrahlung des Arztes Takashi Nagai, der ab dem Sommer 1946 nun als Bettlägeriger sein Apostolat des Friedens ausübt.

Eine winzige, nahe den zerstörten Mauern seines ehemaligen Zuhauses errichtete Teehütte, gestaltet in der Art einer Eremitenklause, wie sie in Japan seit Jahrhunderten als Stätten der geistlichen Reifung, des Gebets und der Zurückgezogenheit bekannt sind, wird seine neue Bleibe. Er nennt sie *Nyokodo*. Das Wort ist in seiner Dichtheit schwer zu übersetzen. Es bedeutet in etwa das »Heiligtum des ›Liebe andere wie dich selbst‹«.

Er wird ein berühmter Mann. Er beginnt zu schreiben, viel zu schreiben. Über seinem Bett wird ein Gestell errichtet, welches ihm das Schreiben erleichtert. In den sechs Jahren, die ihm nach dem apokalyptischen Schrecken verbleiben, verfasst er 15 Bücher, manche darunter werden zu nationalen und internationalen Bestsellern. Sein Antrieb: »Ich musste ja die Wahrheit niederschreiben«.[14] Und: »Wenn in meinen Schriften eine

Botschaft enthalten ist, so ist es die, dass wahrer Friede einzig durch Liebe, Ehrlichkeit und Geduld zu erringen ist und dass diese drei Tugenden auf echtem Glauben gründen«.[15]

In den offiziellen Schulbüchern wird seiner gedacht. Immer mehr Menschen besuchen seine bescheidene Hütte, weil sie den Rat dieses heiligen Mannes, wie man ihn nennt, bekommen wollen. »Und obwohl er wusste«, so schreibt ein Arztkollege, »dass es von Nachteil für seinen Zustand war, ließ er so viele Menschen ein, als er physisch imstande war, und sprach mit ihnen. Es gab kein Schildchen: ›Nicht stören!‹ am Eingang zu seiner Hütte. Es gab auch keinen Zaun um die Hütte, und sein Schlafraum war allen zugänglich.«[16]

Nagai wird als Nationalheld ausgezeichnet und der Kaiser besucht ihn in seiner Eremitage und schenkt ihm drei silberne Sake-Becher. Täglich beantwortet er Briefe, die ihn aus ganz Japan und über Japan hinaus erreichen. Sein Bruder wird nach dem Tod Nagais von einigen Zehntausend erhaltenen Briefen sprechen. Er ist ein berühmter Mann und er ist ein schwer kranker Mann.

Schon im September 1945 hält man sein Ende für gekommen. Die Leukämie, die sich durch die radioaktive Strahlung verschlimmert hat, zersetzt seinen Körper. Er ist bereit zu sterben und verfasst für die Familie und die Freunde ein Abschiedsgedicht. Mehrmals fällt er ins Koma, die Ärzte geben ihn auf. Eine Stimme, so Nagai später, sagt ihm, er solle Pater Maximilian Kolbe um Fürbitte anrufen. Er tut dies. Und die Besserung beginnt. Er ist überzeugt, dass er seine Genesung Pater Kolbe, der eine Zeit als Missionar in Nagasaki verbracht hat, verdankt, dem Märtyrer des Konzentrationslagers Auschwitz, der Jahrzehnte später heiliggesprochen wird. Nagai hat Pater Kolbe in früheren Jahren kennengelernt, als er ihn einmal wegen Verdachts auf Tuberkulose geröntgt hatte.

Und Nagai kümmert sich liebevoll um die Erziehung seiner Kinder, denen er etliche schriftlich niedergelegte Gedanken widmet. »Im Augenblick«, so schreibt er in einem an die Kinder gerichteten Buch, »ist alles, was ich euch als Besitz hinterlassen kann, diese Hütte – Nyokodo.«[17]

Doch diese kleine Hütte ist tatsächlich armselig. Sie prunkt nicht mit materiellen Schätzen oder gar glitzernden Attraktionen. In ihrem Innersten birgt sie jedoch die selige Gewissheit eines Weisen, der um die Wirklichkeit des ewigen Morgens weiß, welcher bedeutsamer ist als jeder weltliche Zauber und jede weltliche Katastrophe. Es ist die Gewissheit, die dem Schmerz abgerungen ist: »Solange man nicht gelitten und geweint hat, versteht man nicht wirklich, was Barmherzigkeit ist, und man kann einem Leidenden auch keinen Trost geben. Wenn man nicht selbst geweint hat, kann man die Augen des anderen nicht trocknen. Solange man nicht in der Dunkelheit unterwegs war, kann man anderen Wanderern nicht helfen, den Weg zu finden. Wenn man nicht in die Augen des drohenden Todes gesehen und seinen heißen Atem gespürt hat, kann man nicht erneut von den Toten auferstehen und eine neue Freude verspüren, weil man am Leben ist.«[18]

Im November 1945, zu einer Zeit, in der er noch zu gehen vermochte, hatte der Bischof ihn eingeladen, als Vertreter der Laien bei der Totenmesse für die Opfer der Katastrophe eine Ansprache zu halten. Er bereitet sich intensiv auf diese Rede vor. Und dann spricht er die sprachlos machenden Worte aus: »Liegt nicht eine unfassbare tiefere Beziehung zwischen dem Kriegsende und der Vernichtung von Urakami?[19] Ist nicht Urakami, der einzige heilige katholische Distrikt Japans, erwählt worden, um durch Brand und Vernichtung als Opfer auf dem Altar dargebracht zu werden und als Sühne für die im Weltkrieg von der Menschheit begangenen Sünden? [...] Gott gibt, Gott nimmt. Gelobt sei Sein Name! Lasst uns Ihm danken, dass Urakami für das Opfer ausersehen war. Lasst uns dankbar sein, dass durch dieses Opfer der Friede wiederkehrte auf die Erde und Freiheit des Glaubens nach Japan eindrang.«[20]

Mit dem Blick des Kontemplativen wandelt sich ihm die Wüste in das verheißene Land. Nagai lernt – unter Schmerzen, unter Blutverlust, unter Todesgefahr – das neue, unzerstörbare Gespräch mit Gott. »Als ich mit Gott«, so bekennt er, »durch die nukleare Wüste von Urakami ging, hat Er mich die Tiefen Seiner Freundschaft gelehrt.«[21] Die Konsequenz der angenommenen starken Führung der Vorsehung ist, dass Nagai nun ein Tröstender wird. Im dunklen Gang des Glaubens hat er den Frieden gefunden, den die Welt nicht geben kann, und es ist die reine erlittene Wahrheit, wenn er seinem heranwachsenden zehnjährigen Sohn die väterliche Weisung mit auf den Weg gibt, dass »wir Fundamente im Dunkeln ausheben müssen«.

Takashi Nagai stirbt zu Beginn des Marienmonats Mai, 1951, im Krankenhaus. Sein Sohn Makoto ist am Bett seines Vaters und reicht ihm auf Drängen der Krankenschwester das Familienkreuz. Der Kranke stirbt mit dem Rosenkranz in der Hand, den ihm einst Papst Pius XII. als Geschenk geschickt hatte. »Betet, bitte, betet« sind seine letzten Worte.[22]

Die anderntags erfolgte Obduktion lässt die Ärzte staunen, dass der Patient trotz der erschreckenden körperlichen Symptome (die Leber hatte beispielsweise den vierfachen Umfang einer gesunden Leber) so lange überlebt hat. Das Requiem am 3. Mai findet in der Kathedrale von Urakami statt. Rund 20 000 Trauernde haben sich dort versammelt. Der Grabspruch, den der Verstorbene selbst ausgesucht hatte, stammt vom Evangelisten Lukas, der, wie die Überlieferung berichtet, ebenfalls Arzt gewesen ist; er lautet: »Wir sind unnütze Knechte; wir haben nur unsere Schuldigkeit getan« (17,10).

Nagai

Die japanischen Schriftzeichen, die den Namen Nagai bilden, bedeuten: »Der Brunnen, der bleibt«.[23]

Notizen von Takashi Nagai

»Diese Worte in der Bergpredigt – ›Selig sind die Trauernden‹ – sollten von den Ärzten wörtlich genommen werden. Ein echter Arzt leidet mit jedem Patienten. Wenn ein Patient Angst vor dem Sterben hat, dann empfindet auch der Arzt diese Angst. Wenn der Patient am Ende wieder gesund wird und sich bei ihm bedankt, dann antwortet der Arzt: ›Ich danke Ihnen.‹ Wenn der Patient ein alter Mann ist, dann behandelt man ihn wie seinen eigenen Vater; wenn er ein Kind ist, dann wie sein eigenes Kind. […] Jeder Patient wird dein Bruder, deine Schwester, deine Mutter, für die du alles andere zurückstellen würdest. Du überprüfst diese Tests und Röntgenaufnahmen immer wieder sorgsam von Neuem, du nimmst dir die medizinische Dokumentation vor, lässt keinen Stein ungeprüft auf dem anderen. […] Wie falsch lag ich als junger Arzt, als ich dachte, die Ausübung des Arztberufes wäre eine Sache der Medizintechnik. Das würde einen Arzt zu einem Körpermechaniker machen! Nein, ein Arzt muss eine Person sein, die in ihrem eigenen Körper und Geist alles spürt, was der Patient in seinem Körper und Geist erleidet. […] Ich bin zu der Überzeugung gelangt, dass Medizin eine Berufung ist, ein persönlicher Ruf Gottes – und das bedeutet, dass die Untersuchung eines Patienten, das Röntgen oder das Verabreichen einer Spritze Arbeiten sind, die Teil des Reiches Gottes sind. Als ich dies erkannte, begann ich für jeden Patienten zu beten, den ich behandelte.«[24]

»Man muss dem Studium eines jeden Bereiches von Gottes Schöpfung mit großem Respekt und einer gewissen Unschuld und Unvoreingenommenheit begegnen. Ein echter Wissenschaftler, der in seinem Labor experimentiert, ist in Wirklichkeit vergleichbar mit einem Mönch in seiner Zelle. Ja, die Experimente werden zu Gebeten.«[25]

»Ein Wissenschaftler, der sagt, dass wir als zufällige Muta-
tion aus Amöben entstanden sind, kann den Regenbogen
nicht wirklich sehen, und das ist sehr schade!«[26]

»Solange ich mir eingeredet hatte, der Weg der Wahrheits-
erkenntnis liege ausschließlich in den Methoden der Naturwissenschaften beschlossen, leugnete ich auch die Existenz
der Seele. Als ich dann erkennen musste, wie wider Erwarten eng begrenzt der Bereich der naturwissenschaftlichen
Zweigforschung ist, wie unfertig noch und voller Widersprüche, da bin ich richtig erschrocken. Und aufs Neue
geriet ich in Bestürzung, als ich erfuhr, dass ein Naturgesetz,
aufgrund der Fachforschung im engen Bereich als wahr
anerkannt, in einer umfassenderen und somit richtigeren
Sicht nur als Hypothese zu gelten habe. Als ich endlich
dahinterkam, dass die menschliche Erkenntnis nur in dem
Maße seichter und fraglicher werden müsse, wie aus-
schließlicher man nur ein exaktes Experiment auf das
andere folgen lasse – als ich die Mangelhaftigkeit jener so
stolz erdachten Methoden entdeckt hatte, da endlich keimte
auch in mir von selber die Meinung auf, ein wenig mehr
Bescheidenheit stünde uns wohl an. Vorgedrungen bis zur
Erfahrung einer übersinnlichen Welt, schämte ich mich der
Tage von ehemals, da ich eingebildet genug gewesen war,
das Dasein einer Seele zu leugnen. Und so kam es, dass ich
Pascals *Pensées* allmählich von innen her zu bejahen begann.
[…] Bis zum letzten Augenblick will ich mich anstrengen
und den Pflichten eines Arztes nach bestem Wissen und
Gewissen genügen.«[27]

»Erst nachdem ich von der Seele und ihrer Würde wusste,
verstand ich auch den Leib und seine Hoheit.«[28]

Nagai zu seinem Sohn Makoto nach der Atombombenkatastrophe:

»Wir müssen fast ganz von vorn beginnen und Fundamente im Dunkeln ausheben. Doch mit Geduld und Glauben können wir es schaffen. Gott ist mit uns.«[29]

Gianna Beretta Molla

4. 10. 1922–28. 4. 1962

Die Bereitschaft
oder
»DIE NÄCHSTENLIEBE VERWIRKLICHEN«

Gianna mit Mariolina

Am Tag des heiligen Franziskus, dem 4. Oktober im Jahre 1922, wird Gianna in Magenta, einer Kleinstadt im Norden Italiens (Lombardei), nur 30 Kilometer von Mailand entfernt, geboren. Sie ist das zehnte von 13 Geschwistern; fünf ihrer Geschwister sterben bereits im frühen Kindesalter. Die Familie, in der Gianna heranwächst, ist durch und durch katholisch geprägt. Der Glaube ist kein netter Zierrat des Lebens, sondern der Mittelpunkt eines jeden Tages. Die Eltern gehören der franziskanischen Terziargemeinschaft an und erziehen ihre Kinder vorbildhaft. Der Vater geht in der Frühe noch vor Beginn des Tagwerks zur heiligen Messe, seine Frau geht mit den Kindern später am Morgen zum Gottesdienst. Karitatives Handeln gehört zum Alltag. Die Mutter, so erinnert sich Giuseppe, einer der Brüder, »kaufte immer zusätzlich vier bis fünf Kilogramm Brot ein, um jedes Mal, wenn ein Armer an der Tür läutete, etwas geben zu können«.[1]

Die Familie ist das, was sie im christlichen Verständnis sein soll: Hort, Stätte der Geborgenheit und erster Bildung, Ort des Gebets und der bedingungslosen Zuwendung. Unter großen Opfern schaffen es die Eltern, sämtlichen Kindern ein Universitätsstudium samt Doktorat zu ermöglichen. Sr. Virginia, Canossianermissionarin in Indien und Schwester von Gianna, erinnert sich, dass der Vater, der als Angestellter in einer Baumwollfabrik in Mailand arbeitet, alle unnötigen Ausgaben streicht, selbst die entspannende Zigarre am Abend, um die Ausbildung der Kinder zu gewährleisten. Die Mutter lernt Latein und Griechisch, um ihren Kindern beim Lernen besser zur Seite stehen zu können. Als die 16-jährige Schwester Amalia an Tuberkulose erkrankt, nimmt die Familie einen Umzug nach Bergamo in Kauf, weil die Luft dort besser ist als in der Nähe Mailands.

Alle Kinder lernen wie selbstverständlich vom Vorbild ihrer Eltern. Zwei der Söhne werden Priester, allein vier der Kinder üben den Arztberuf aus, eine Schwester wird promovierte Pharmazeutin.

Gianna ist 15 Jahre alt, als die Familie erneut umzieht, diesmal in die Nähe Genuas an einen kleinen Ort am Meer. Die ältere Schwester Amalia, an der Gianna sehr hängt, ist zu Beginn des Jahres 1937 im Alter von nur 26 Jahren gestorben. Giannas eigene körperliche Konstitution ist nicht die beste, ihre schulischen Leistungen sind abgefallen. Sie besucht nun die fünfte Gymnasialklasse im Institut der Dorotheenschwestern. Dort nimmt sie 1938 während des ersten Schuljahres an drei geistlichen Einkehrtagen teil, die für ihr weiteres Leben von grundlegender Bedeutung sein sollten.

Man erkennt die nicht zu unterschätzende Wichtigkeit der drei Tage an Giannas Aufzeichnungen, die sie exakt datiert: »Erinnerungen und Gebete von Gianna Beretta, 16./17./ 18. März 1938.« Und es mag genügen, sich einige ihrer Vorsätze, die sie in diesen Exerzitien niederschreibt, zu vergegenwärtigen, um die Ernsthaftigkeit der 15-Jährigen wahrzunehmen sowie ihre Entschlossenheit, das Erkannte und Festgehaltene um jeden Preis zu verwirklichen. Angesichts ihres Lebens lässt sich sagen, dass Gianna während dieser besonderen Zeit gleichsam ihr Lebensprogramm findet und formuliert, das sie all die kommenden Jahre begleitet, mahnt und ermutigt. Ihre Lebensmaximen sind dabei zugleich allgemeine Weisungen sowie sehr konkrete Anweisungen. Die 15-Jährige schreibt unter anderem:

»Ich nehme mir vor, alles für den Herrn zu tun. Jede Handlung, jede Schwierigkeit werde ich dem Herrn aufopfern.

Um Gott zu dienen, werde ich nicht mehr ins Kino gehen, ohne mich vorher zu vergewissern, dass es sich um einen anständigen Film handelt und nicht um einen skandalösen oder unmoralischen.

Ich will eher sterben, als eine Todsünde zu begehen.

Ich werde die Todsünde fürchten, als ob sie eine Schlange wäre, und ich wiederhole nochmals: Lieber will ich tausendmal sterben, als den Herrn zu beleidigen.

Ich werde täglich ein Ave-Maria beten, damit der Herr mir
eine gute Sterbestunde gewähren möge.
Ich bitte den Herrn, dass er mich seine große Barmherzigkeit
begreifen lassen möge.
Aus Liebe zu Jesus will ich der Schwester M. M. gehorchen
und lernen, selbst wenn ich keine Lust dazu habe.
Von heute an will ich meine Gebete kniend verrichten [...].
Ich will alles von Seiten der Schwester M. M. ertragen. Der
Weg der Demütigung ist der kürzeste, um zur Heiligkeit zu ge-
langen.«[2]

Ein weiteres prägendes Moment in Giannas Leben, neben der
familiären und sakramental-kirchlichen Formung, ist die »Katholische Aktion«. Die 1868 gegründete Laienvereinigung, deren Mitglieder in enger Zusammenarbeit mit den kirchlichen
Autoritäten den Glauben gleichsam als Sauerteig in sämtliche
gesellschaftliche Schichten bringen wollen, kommt mit ihrem
Wahlspruch »Handeln, Beten, Opfern« Giannas religiöser Begeisterung in idealer Weise entgegen. Schon mit 12 Jahren
schreibt sie sich in der »Katholischen Aktion« ein. Als Gymna-
siastin und später als Studentin übernimmt sie zunehmend ver-
antwortungsvolle Leitungsaufgaben in der Vereinigung, vor allem in der religiösen Ausbildung der jungen Mädchen.
Es ist in diesen Jahren des Reifens, dass Prüfungen, nicht nur
schulischer Art, auf Gianna zukommen. Als sie 16 ist, muss sie
dem Gymnasium aus gesundheitlichen Gründen ein Jahr lang
fernbleiben. Im darauffolgenden Jahr, als der Schulbetrieb weitergeht, beginnt der Zweite Weltkrieg. Da sich die Bomben-
angriffe auf Genua mehren, zieht die Familie ein weiteres Mal
um, diesmal zurück nach Bergamo, während Gianna ihre drei
letzten Gymnasialjahre in Genua verbringt, wo sie 1942 ihr Abi-
tur macht. Zwei Monate zuvor stirbt ihre geliebte Mutter. Noch
nicht einmal ein halbes Jahr später stirbt auch der Vater. Sieben
Geschwister bleiben zurück, die ältesten stehen bereits im Berufsleben, drei Geschwister studieren noch. Man zieht erneut

um, jetzt zurück nach Magenta in das Haus der Großeltern väterlicherseits.

Der Tod der Eltern trifft Gianna schwer. Umso mehr, da sie vor einer Zäsur in ihrem eigenen Leben steht. Wohin geht ihr Weg? Was ist ihre Berufung? Welchen Beruf soll sie wählen? Sie immatrikuliert sich an der Medizinischen Fakultät in Mailand und setzt nach dem Krieg das Studium in Pavia fort. Es sind Jahre der Entbehrungen, der Einfachheit und des ernsthaften Strebens nach christlicher Vollkommenheit wie auch Jahre der erlebten Erfüllung. So ist sie etwa dabei, als zwei ihrer Brüder zu Priestern geweiht werden. Alberto, einer der beiden, geht schließlich als Kapuzinerpater mit ärztlicher Ausbildung nach Brasilien, wo er ein Krankenhaus baut. Giannas Plan: Wenn sie mit ihren medizinischen Studien fertig ist, wird sie als Nonne gleichfalls in die Mission nach Brasilien gehen, um ihrem Bruder Alberto zu assistieren.

Doch dieser Plan scheitert. Alberto selbst rät seiner Schwester ab, denn das tropische Klima in Brasilien sei ihrer Gesundheit abträglich. Damit bleibt die Frage der Berufung weiterhin ungeklärt.

Am 30. November 1949 absolviert Gianna ihre Promotion in Innerer Medizin und Chirurgie. Am 20. Juni 1950 wird sie ins Berufsregister der Ärzte in Mailand eingetragen, am 1. Juli eröffnet sie ihre Arztpraxis in Mesero. Sie ist 27 Jahre alt.

Die Hochzeit

Es werden noch sechs Jahre vergehen, bis Gianna weiß, welches ihr Stand im Leben sein soll. Mittlerweile hat sie eine Zusatzausbildung in Kinderheilkunde absolviert; ihre Praxis floriert. Die Menschen schätzen und lieben ihre Ärztin. Das hängt nicht zuletzt damit zusammen, dass die Patienten bemerken, dass Gianna mit Leib und Seele Ärztin ist, mit den Worten einer Dorfbewohnerin, »dass sie nicht irgendein Arzt [war], sondern für viele Menschen wie eine Mutter«.[3] Patienten, die äußerst bedürftig sind, versorgt Gianna sowohl mit Medikamenten als auch mit Geld. »Wenn ich einen Kranken behandle«, so Gianna, »der nichts zu essen hat, wozu dienen dann die Medikamente?«[4]

Sie macht bei ihrer Behandlung keine Unterschiede zwischen vermögenden und mittellosen Patienten, sondern behandelt jedermann mit der gleichen Sorgfalt und Liebe. Sie übernimmt neben der Ordinationsaufgabe zusätzlich Verantwortung in der Mütterberatungsstelle und der Kinderkrippe, indem sie dabei stets medizinische Kompetenz und mitmenschliches Apostolat in Einklang bringt, denn die Seele dessen, der ihre medizinische Hilfe in Anspruch nimmt, verdient ihr Augenmerk genauso wie der kranke Körper.

»Wir Ärzte«, so notiert sie, »arbeiten direkt am Menschen selbst. Unser Objekt in der Wissenschaft und in der täglichen Arbeit ist der Mensch, der uns sein Leiden erklärt und uns um Hilfe bittet. Er erwartet, dass wir uns mit unserem ganzen Leben für ihn einsetzen.«[5]

Die Maßstäbe für ihren medizinischen Dienst fasst sie in vier klaren, einfachen Postulaten zusammen:

»1. Erfülle deine Pflicht so gut wie möglich. Bleibe auf der Höhe der Wissenschaft. Renne nicht dem Geld nach, wie es heute üblich ist.

2. Sei ehrlich. Wir sollen zuverlässige, gewissenhafte, vertrauenswürdige Ärzte sein.

3. Behandle die Patienten liebevoll und denke daran, dass die Kranken unsere Brüder und Schwestern sind. Sei feinfühlig.

4. Vergiss die Seele des Kranken nicht. Da uns Vertrauen entgegengebracht wird, müssen wir darauf achten, es nicht zu missbrauchen. Das wäre ein Verrat. Hüte dich vor unbesonnen gesprochenen Worten.«[6]

In ihrer Tätigkeit als Ärztin kommt Gianna öfter mit einem Mann zusammen, der wie sie in der »Katholischen Aktion« tätig ist und den sie bereits flüchtig aus ihrer Studienzeit kennt. Er ist in leitender Position in einem Industrieunternehmen tätig und wird später dessen Generaldirektor. Diplomingenieur Pietro Molla, so der Name des Mannes, ist von der jungen Ärztin sehr beeindruckt. Aus der Bekanntschaft entwickelt sich nach und nach eine Freundschaft. Es ist offensichtlich, dass sowohl Gianna wie auch Pietro denselben Idealen und Zielen anhängen. Der katholische Glaube ist für beide die Richtschnur ihres Lebens. Die Frage der Berufung steht neu und mächtig im Raum.

Damals, zu Beginn ihrer ärztlichen Praxiszeit, als Giannas Wunsch nach einer missionarischen Tätigkeit in Brasilien an ihrer labilen körperlichen Konstitution scheitert, gibt ihr geistlicher Begleiter ihr zu bedenken:»Gianna, ich glaube wirklich, die Mission am Äquator ist nicht dein Weg! Warum denkst du nicht daran, eine eigene Familie zu gründen, eine wirklich christliche Familie wie jene, in der du aufgewachsen bist? Denk daran, wie viel Gutes deine Mutter in ihrer Familie getan hat.«[7]

Diese Worte fallen auf fruchtbaren Boden. Jetzt erhalten sie durch das Kennenlernen von Pietro ein Gewicht, welches über Giannas Zukunft entscheidet. Im Prozess der Unterscheidung bezüglich ihrer Berufung betet sie viel. Im Juni 1954 begleitet sie als Ärztin einen Krankenzug nach Lourdes und fragt an der Wallfahrtsstätte »die selige Jungfrau Maria [...], was [sie] tun sollte: in die Mission gehen oder heiraten«. Sie kommt zurück von der Wallfahrt »und in demselben Augenblick ist Pietro gekommen«.[8]

Die Dinge klären sich schließlich am 8. Dezember desselben Jahres, dem marianischen Hochfest, an dem Pietro und Gianna zur Primiz eines Neupriesters und dem anschließenden Empfang eingeladen sind. Drei Wochen später besuchen sie zum ersten Mal gemeinsam die Mailänder Scala. Zwei Monate darauf bittet Pietro Gianna, seine Frau zu werden. Sie nimmt den Antrag an und antwortet tags darauf mit einem Brief, in dem sie ihren zukünftigen Mann zum ersten Mal mit Du anspricht und erklärt: »Jetzt bist Du da, ich liebe Dich und will mich Dir schenken, um mit Dir eine wahrhaft christliche Familie zu gründen.«[9]

Die Verlobungszeit dauert ein halbes Jahr. Pietro lässt in dieser Zeit Giannas Praxis renovieren und zugleich richten sie ihr zukünftiges Zuhause ein. Die Hochzeit findet nach einer intensiven menschlichen und spirituellen Vorbereitung am 24. September 1955 statt, einem Gedenktag der Muttergottes (»Maria vom Loskauf der Gefangenen«). Der Trauungspriester ist Giannas Bruder Giuseppe. Pietro ist 43 Jahre alt, Gianna 33. Im Nachdenken über die Berufung hatte sie einst geschrieben: »Alle müssen sich auf die eigene Berufung vorbereiten: sich vorbereiten, Lebensspenderin zu sein; wissen, was Ehe als *sacramentum magnum* bedeutet.«[10] Nun ist die Zeit der Erfüllung angebrochen.

In den nächsten vier Jahren schenkt Gianna drei Kindern das Leben: Pierluigi, Maria Zita (Mariolina genannt, die zwei Jahre nach ihrer Mutter im Alter von sechs Jahren stirbt) und Laura Maria. Die Eltern sind überglücklich. Nach jeder Geburt spendet Gianna als Dank eine beträchtliche Summe ihrer Ersparnisse für die Missionsarbeit. Jede der drei Schwangerschaften ist schwierig verlaufen, umso glücklicher sind Pietro und Gianna, wenn das Kind gesund das Licht der Welt erblickt. Ihrer Schwester Virginia gegenüber gesteht Gianna: »Weißt du, die Leute sagen schnell, Geld und die weiteren Mittel seien vorhanden und deshalb sei es gut und richtig, so viele Kinder zu haben. Wer aber weiß, dass es für mich jedes Mal ein Lebensrisiko ist!«[11]

1961. Gianna geht auf die vierzig zu, als sie wieder schwanger ist. Die Probleme, bekannt seit den früheren Schwangerschaften, verstärken sich dieses Mal. Bereits am Ende des zweiten Schwangerschaftsmonats wird eine Gebärmuttergeschwulst diagnostiziert. Das Kind ist durch den schnell wachsenden Tumor gefährdet. Gianna wird wegen einer drohenden Fehlgeburt stationär aufgenommen.

Die behandelnden Ärzte legen der Mutter, die ja Kollegin ist, drei Optionen zur Wahl vor: zum einen die Entfernung der Gebärmutter samt Geschwulst, was den Tod des Kindes bedeutet, allerdings das Leben der Mutter rettet, zum anderen die Exstirpation des Tumors sowie die Beendigung der Schwangerschaft und somit die Inkaufnahme des Todes des Kindes, um so die Gefährdung der Mutter durch eine fortgesetzte Schwangerschaft abzuwenden. Und als dritte Möglichkeit die ausschließliche Entfernung der Geschwulst bei gleichzeitiger Rettung des Kindes und somit Erhalt der Schwangerschaft, verbunden jedoch mit dem Risiko für Mutter und Kind, dass die Operationsnarbe während der weiteren Schwangerschaft platzt und damit das Leben beider gefährdet ist.

Gianna zögert nicht mit ihrer Entscheidung. Obgleich die Ärzte von der dritten Alternative dringend abraten und eine Abtreibung in Kauf nehmen, steht für Gianna von Anfang an fest, dass sie eben diese dritte Möglichkeit als die einzig gangbare zu wählen hat, um so das Leben des Kindes zu retten.

Dem Kaplan der Pfarrgemeinde sagt sie: »Ja, ich habe so viel in diesen Tagen gebetet. Mit Glauben und Hoffnung habe ich mich dem Herrn überlassen, sogar angesichts der schrecklichen Worte der Ärzte, sich entweder für das Leben der Mutter oder das des Kindes zu entscheiden. Ich vertraue auf Gott, ja, jetzt bin ich an der Reihe, meine Aufgabe als Mutter zu erfüllen. Ich erneuere vor dem Herrn meine Bereitschaft für das Opfer meines Lebens. Ich bin zu allem bereit, vorausgesetzt man rettet mein Kind.«[12]

Die Operation findet am 6. September 1961 statt. Gianna, die selbst in Chirurgie promoviert ist, weiß naturgemäß um das Risiko der Operation. Als der Chirurg bei der Operation fragt: »Was machen wir, Frau Kollegin? Retten wir Sie oder das Kind?«, lautet ihre direkte Antwort: »Zuerst muss man das Kind retten und dann, wenn es geht, die Mutter. Da ist nichts anderes zu wollen, so ist das!«[13]

Die Operation glückt. Der Tumor, der sich als gutartig erweist, wird entfernt, Gianna erholt sich schnell und kann bald wieder nach Hause. Die nächsten Monate sind, auch wenn das alltägliche Leben wie gewohnt weitergeht, von den bangen Fragen überschattet, ob die Operationsnarbe halten wird, ob das Ungeborene sich gut entwickeln wird, ob schließlich alles gut ausgeht.

Am Karfreitag des darauffolgenden Jahres geht Gianna zur Entbindung ins Krankenhaus. Bekannten gegenüber, die ihr alles Gute wünschen, sagt sie, sie sei bereit. Freundinnen vertraut sie an: »Ich gehe ins Spital, aber ich bin mir nicht sicher, ob ich wieder nach Hause komme. Die Entbindung wird schwierig sein, wir werden vielleicht nur einen retten können, aber ich will, dass mein Kind lebt! Betet viel für mich, ich habe Angst. Betet, dass ich den Willen Gottes gut erfülle.«[14] Am Karsamstag, den 21. April, nach langen schmerzvollen Stunden, in denen der eingeleitete Versuch einer Spontangeburt missglückt, wird ein gesundes Mädchen per Kaiserschnitt geboren: Gianna Emanuela.

Kurz darauf beginnen die Komplikationen. Die Mutter bekommt hohes Fieber, wird zunehmend schwächer, eine Bauchfellentzündung stellt sich ein. Auf Schmerzmittel verzichtet sie, sie will bei Bewusstsein bleiben. Wenn die Schmerzen zu stark werden, steckt sie sich ein Taschentuch in den Mund und beißt darauf. Ihr Mann Pietro ist bei ihr. Ihr Bruder Giuseppe spendet ihr die Krankenkommunion. Wenn es irgendwie geht, empfängt sie eine winzige Partikel vom Leib des Herrn.

Giannas jüngere Schwester, Sr. Virginia, erinnert sich: »Ich war zu diesem Zeitpunkt Missionarin in Indien. Durch die göttliche Vorsehung und völlig unerwartet wurde mir Heimaturlaub gewährt. Ich kam genau vier Tage vor ihrem Tod nach Italien. Die ersten Worte, die sie sagte, als ich in ihr Zimmer eintrat, waren: *Wenn du wüsstest, Ginia, was Sterben bedeutet, wenn man vier kleine Kinder zurücklassen muss!* Obwohl sie so sehr an die

Vorsehung glaubte, war sie untröstlich bei dem Gedanken, sich nicht mehr persönlich um ihre Kinder kümmern zu können.«[15] Die Ärzte kämpfen um das Leben der Patientin. Gianna selbst hatte bei der Einlieferung ins Krankenhaus zu einer Krankenschwester gesagt: »Da bin ich, diesmal um zu sterben.«[16] Doch sie stirbt zu Hause. Denn die Ärzte entsprechen schließlich ihrem Wunsch, nach Hause entlassen zu werden. In aller Frühe am Samstag der Osteroktav, um vier Uhr morgens, kommt sie zu Hause an. »Vielleicht«, so ihr Mann Pietro in einem Nekrolog, »hast auch du die Stimmen deiner Babys gehört, die im Zimmer nebenan aufwachten.«[17] Vier Stunden später, um acht Uhr morgens, es ist der 28. April 1962, stirbt sie im Beisein von Pietro, ihrer beiden Brüder und ihrer beiden Schwestern. Sie ist noch keine vierzig Jahre alt.

Das Geschenk

Es ist einfach, schöne, auch fromme Worte zu sagen. Geprüft werden diese Worte im Leben und durch das Leben, denn »das schöne Reden überzeugt nicht, jedoch das Vorbild. [...] Die Wahrheit sollen wir erkennbar machen in der eigenen Person.«[18]

Vielleicht ist das, was die Menschen in Giannas Nähe, aber auch die Menschen von heute am tiefsten beeindruckt, das Zeugnis ihres Lebens, das aus einem Guss ist. Da gibt es nicht die moderne Zerrissenheit und Gespaltenheit. Giannas Leben besteht aus einer vollkommenen Einheit. Worte und Handlungen stimmen überein, Gebet, Apostolat, Familienleben und Arztberuf driften nicht auseinander, sondern fügen sich zu einem harmonischen, wahren Ganzen.

Aber wie alles, so könnte man auch dieses harmonische Gefüge missverstehen als die nachträgliche hagiografische Patina, die ein Leben verschönt und glättet. Dem steht entgegen, dass die Harmonie, von der hier die Rede ist, gerade das Schmerzliche nicht unterschlägt, sondern integriert. Ja, mehr noch. Wer

Aufzeichnungen der Heiligen liest, stellt fest, dass Gianna immer wieder auf das zu sprechen kommt, was gerade die Moderne aus ihrem künstlichen Paradies verbannen will: den Schmerz, das Leiden, das Opfer.

Es sind exakt diese unbeliebten Wahrheiten eines jeden Lebens, die Gianna nicht müde wird, den ihr Anvertrauten zu vermitteln – als Geschenke, die es im eigenen Leben anzunehmen gilt. Auch für sie ist, wie könnte es anders sein, das Kreuz nicht etwas, was rasch bewältigt werden kann, sondern der existenzielle Balken, der jedes Leben trägt und formt. Der Christ folgt nicht den modernen Rezepten der Unterhaltung oder der Vermeidung, sondern der Person Jesus Christus, dem Gekreuzigten, und in dieser Nachfolge ist er tatsächlich der *Nach*-Folgende und somit derjenige, der sich von seinem göttlichen Meister führen lässt. Mit den Worten Giannas: »Wir möchten, dass alles immer gut geht und deshalb möchten wir das Leiden vermeiden, um uns nur zu freuen. Der Christ soll jedoch Christus nachfolgen und mit ihm das Kreuz umarmen. Jesus und wir sind ein Leib. Wir müssen also seine Mission erfüllen, die Mission, Sühne zu leisten [...] wir dürfen uns nicht vor dem drücken, was von uns verlangt wird: Zeit, Mühe, Opfer.«[19]

Das sagt wohlgemerkt eine Frau, die mit beiden Beinen im Leben steht und die dieses Leben mit allen Fasern liebt und bejaht, die gerne Bergtouren unternimmt, die herrliche Bergwelt bestaunt, Ski fährt, die Schönheit der Natur genießt und sich über Theater- und Konzertbesuche freut. Und die dennoch mit letzter Gewissheit weiß, dass die vor ihr ausgebreiteten Schätze Kleinodien sind, die den Weg des Kreuzes nicht überflüssig machen, sondern eigentlich erst recht verständlich. Das Schöne gewinnt unbesiegbare Schönheit, wenn es durch die Schmiede des Schmerzes gegangen ist. Und das Wahre wird zum Glanz der Wahrheit, wenn es im Feuer der Prüfung gebrannt wurde.

Diese Haltung der restlosen Bejahung ist freilich nur zu realisieren, wenn man tief innerlich weiß, dass das ganze Leben ein

Geschenk ist. »Wir lieben vor allem denjenigen«, so schreibt sie, »von dem wir Geschenke erhalten.« Und sie fährt fort: »Nun ist unser ganzes Leben ein Geschenk Gottes. Wir müssen ihn also lieben bis zur Hingabe unseres Lebens.«[20]

Dass dies keine Phrase ist, belegt ihr Leben. Falsch wäre es allerdings, das Augenmerk einzig auf ihren letzten Akt der Hingabe zu lenken und die Jahrzehnte zuvor im Schatten zu belassen. Der Vergleich mit dem heiligen Franziskanerpater Maximilian Maria Kolbe mag diesbezüglich weiterhelfen.

Kolbe gibt sein Leben im Konzentrationslager für einen mitgefangenen Familienvater hin. Statt des Mithäftlings geht Kolbe in den Hungerbunker von Auschwitz und stirbt. Wer auch nur ein wenig Kolbes Leben kennt, wird schnell feststellen, dass diese letzte Tat nicht allein im Leben des Paters steht. Sie wurde durch unzählige Akte der Hingabe, des Verzichts, des Sichselbst-Vergessens in den Jahren zuvor vorbereitet, unabhängig davon, ob diese Akte im Verborgenen geschahen oder für wenige Nahestehende erkennbar waren. Das letzte Opfer war damit die Krone eines Lebens, das sich von früh auf verzehren ließ im Blick auf den Allmächtigen und dessen verehrte Mutter.

Gianna Berettas spätes Opfer im Krankenhaus, welches das Leben ihres Kindes Gianna Emanuela rettet, während ihr eigenes Leben erlischt, ist gleichfalls durch ungezählte Akte des Verzichts, der Liebe und des Opfers vorbereitet. Es verwundert nicht, dass das Wort des *Bereitseins* in ihren Aufzeichnungen immer wiederkehrt, denn genau dies hatte sie verstanden: nicht müßig zu warten, nicht die geschenkte Zeit zu vergeuden, sondern jeden Tag als die Gabe anzunehmen, die einem gereicht wird, um in der Tugend des Bereitseins zu wachsen.

»Wir müssen bereit sein, die Liebe, die Gott uns entgegenbringt, indem er so großzügig zu uns ist, zu erwidern bis zur Hingabe unseres Lebens für ihn.«[21] Ein andermal heißt es: »Wir müssen nur Seinen Willen erkennen und uns bereit erklären [...].«[22] Wieder ein andermal: »Betrachtet die Mütter, die ihre Kinder wirklich lieben: Wie viele Opfer bringen sie!

Sie sind zu allem bereit, sogar dazu, ihr eigenes Blut hinzuge-
ben, damit ihre Kinder gut, gesund und kräftig heranwach-
sen.«[23] Und zuletzt, als sie in den Operationssaal geschoben
wird: »Ich bin zu allem bereit, Gottes Wille geschehe.«[24]

In dieser Betrachtungsweise gewinnt schließlich das Leben
der Heiligen an Kontur. Wir erkennen zwei Phasen. Auf die
Zeit der Vorbereitung – welche die Kindheitsjahre, die Jung-
mädchenjahre, die Studentenzeit und die ersten Schritte im
Ärztealltag umfasst – folgt mit der Hochzeit der zweite Ab-
schnitt ihres abgerundeten Lebens, gleichsam die hohe Zeit
der Bereitschaft, die Verwirklichung des zuvor Erkannten und
Gewährten in der endgültigen Bindung. Die frühen Fragen
nach ihrer Berufung sind zur Ruhe gekommen und haben sich
geklärt. Sie weiß nun, ohne sich in fruchtlosen Zweifeln oder
Spekulationen zu ergehen, worin ihre Lebensaufgabe besteht.
Sie ist Ehefrau, Mutter und Ärztin. Auf etlichen Fotografien,
auf denen sie mit einem oder mehreren ihrer Kinder zu sehen
ist, ist der Eindruck für den Betrachter stets derselbe: Hier ist
eine Frau, die die mit sich im Reinen ist und die ihr häusliches
Glück genießt. Wer um das Glück der Mutterschaft wissen will,
der findet hier reichlich Gelegenheit zur Betrachtung. Und dass
die Ehe zuallererst ein Sakrament ist und somit Geschenk der
Gnade, auch dies wird sichtbar dort, wo die beiden Ehegatten
abgebildet sind: Pietro und Gianna.

Es ist bekannt, dass Gianna seit jungen Jahren um einen heiligmäßigen Tod betete. Sie wünschte sich, dass ihr Todestag der
schönste Tag ihres Lebens sein sollte. Dies war ja im Grunde
die Mitte all ihrer Bemühungen gewesen: ein Leben zu leben,
welches tatsächlich lebenswert ist, ein Leben nach den Geboten
Gottes, ein Leben im Schoß der Kirche, ein Leben mit der Familie und all den ihr Anvertrauten, das Freude ausstrahlt.

La vita è bella, das Leben ist schön, so ihre tiefste Überzeugung, vorausgesetzt es wird recht und großherzig gelebt. Darum
notiert sie aus Anlass der Seligsprechung von Maria Goretti
1947: »Maria Goretti lehrt uns, dass das Leben schön ist, wenn

es für große Ideale hingegeben wird, und um das zu erreichen, muss man auch sterben können.«[25] Der Tod setzt diesem wirklichen Leben, welches in der Fülle des Glaubens gelebt wird, kein Ende, sondern ist der Beginn des ewigen Lebens. Ihre Bitte um einen heiligmäßigen Tod wird ihr erfüllt.

Am Mittwoch, drei Tage vor ihrem Tod, als das Fieber für kurze Zeit sinkt, sagt sie zu ihrem Mann: »Pietro, ich war bereits drüben, und weißt du, was ich gesehen habe? Eines Tages werde ich es dir erzählen.«[26]

»Von diesem Augenblick an«, so schreibt Giannas Mann Pietro, »war Gianna mit ihren Schmerzen in ihrem Todeskampf unaufhörlich im Gespräch mit dem Herrn und in Verbindung mit dem Himmel. Sie wünschte nicht mehr, dass ich sie streichelte oder küsste. Sie gehörte schon dem Himmel.«[27]

Ihr Todestag ist der Samstag der Osteroktav. Der Samstag ist auch der Tag der Muttergottes. Maria war zeitlebens ihre Vertraute gewesen, ihre Fürsprecherin, ihre große Freundin. Einen Tag später, am Sonntag, dem 29. April, wird Gianna Emanuela in der Pfarrkirche getauft und der Muttergottes geweiht.

Am darauffolgenden Tag findet die Begräbnisfeier statt. Familienangehörige, Freunde, Bekannte, ehemalige Patienten, Weggefährtinnen ... eine ungezählte Schar gibt der Verstorbenen das letzte Geleit. Ihr Grab liegt in Mesero (Region Mailand). Pietro, Giannas Mann, stirbt 2010. Er erlebt noch die Heiligsprechung seiner Frau am 16. Mai 2004 im von der Kirche ausgerufenen »Jahr der Familie«. Seine jüngste Tochter, Gianna Emanuela, die wie ihre Mutter den Arztberuf ergreift, betreut ihren Vater bis zuletzt.

Gianna Beretta Molla. Ehefrau, Mutter, Ärztin. Ihr Zeugnis bleibt. In der Kirchengeschichte ist sie die erste heiliggesprochene Ärztin. Und sie ist, auch dies Zeichen ihrer andauernden Fruchtbarkeit, die große Patronin der internationalen Lebensrechtsbewegung. Hatte sie nicht genau davon geschrieben: »Sich vorbereiten, Lebensspenderin zu sein.«[28]

Aussprüche der Heiligen

»Vergiss die Seele des Kranken nicht.«[29]

»Der Arzt kann seine Patienten heilen, auch wenn er selbst nicht gesund ist. Wenn man aber die Seelen heilen und ihnen Gutes tun will, muss man selbst innerlich heil sein, denn in diesem Fall teilt man etwas von sich selber mit. Und was hält unsere eigene Seele gesund? Es ist unser Innenleben, unsere innere Verbundenheit mit Jesus Christus.«[30]

»Wir klagen oft, Gott sei so fern. Doch Er ist uns ganz nah. Er ist in jedem unserer Mitmenschen.«[31]

»Die Nächstenliebe verwirklichen heißt, aus der Liebe zu leben und sich zu schenken. Wenn man sein Leben hingegeben hat, hat man alles gegeben.«[32]

»Unser Auftrag ist nicht zu Ende, wenn die Medikamente keine Wirkung mehr zeigen. Man muss die Seele zu Gott hinführen, denn unser Wort hat einen großen Einfluss auf die Patienten. Jeder Arzt soll den Kranken auf den Priester verweisen. Wie sehr sind die katholischen Ärzte notwendig! Das große Geheimnis des Menschen (der aus einem Körper und der unsterblichen Seele besteht) ist Jesus. *Wer einen Kranken besucht, hilft mir,* sagt Jesus. Es ist ein priesterlicher Auftrag: Wie der Priester Jesus berühren kann, so berühren wir Jesus im Körper unserer Kranken, Armen, Alten, Jugendlichen und Kinder. Möge sich Jesus durch uns offenbaren, möge er viele Ärzte finden, die sich für ihn hingeben. Wenn ihr euer Berufsleben beendet habt, wird er zu euch sagen: *Nimm teil an der Freude des Herrn, weil ich krank war und du mich geheilt hast.*«[33]

Jérôme Lejeune

13. 6. 1926–3. 4. 1994

Die Botschaft
oder
»ALLEIN DAS LEBEN KANN GEWINNEN«

Es ist der 22. Mai 1958.

Jérôme Lejeune ist 31 Jahre alt. In das Arbeitsheft, welches er seit dem 10. Juli 1957 gewissenhaft führt und in das er seine wissenschaftlichen Ergebnisse einträgt, notiert er unter obigem Datum die unglaubliche Zahl 47. Zum ersten Mal entdeckt er bei der genetischen Chromosomenanalyse eines sogenannten mongoloiden Kindes das Vorhandensein eines überschüssigen 47. Chromosoms anstelle der regulären 46 Chromosomen.

Im Dezember 1958 kommt es nach einem dreimonatigen Aufenthalt in den Vereinigten Staaten zu einer Bestätigung des Erstfunds. Bei zwei weiteren Fällen nämlich identifiziert Lejeune erneut die Chromosomenanomalie, und zwar beide Male am 21. Chromosomenpaar. Es besteht kein Zweifel: Lejeune zählt 47 Chromosomen.

Die Entdeckung ist in der Geschichte der Genetik (genauer der Zytogenetik, die sich speziell mit der Chromosomenanalyse beschäftigt) bahnbrechend, denn es ist das erste Mal, dass mit wissenschaftlicher Methodik ein direkter Zusammenhang zwischen einer mentalen Beeinträchtigung und einer chromosomalen Anomalie identifiziert werden kann.

Im darauffolgenden Jahr, am 26. Januar 1959, wird der Akademie der Wissenschaften in Paris von dem Forschertrio Lejeune, Gautier und Turpin eine entsprechende Studie präsentiert, wobei Lejeune als der Urheber der Entdeckung der Erstgenannte der Studie ist; Gautier als Kollegin, welche die notwendige Technik der Chromosomenfotos bereitstellte, ist an zweiter Stelle aufgelistet, Turpin, der Laborleiter, ist der Drittgenannte. Eine weitere Präsentation in der Akademie im selben Jahr (und in derselben Autorenreihenfolge) validiert die ersten Studienergebnisse und diagnostiziert damit das seitdem bekannte Faktum der *Trisomie 21*, dass also bei den bis dahin als mongoloid bezeichneten Patienten ein 47. Chromosom, ein zusätzliches Chromosom 21, das sich an ein anderes Chromosom anlagert, der ursächliche Auslöser der genetischen Anomalie ist.

Das Drama

Lejeune wäre, wenn es mit rechten Dingen zugegangen wäre, zum bleibenden Star der genetischen Forschung aufgestiegen. Tatsächlich aber wird er in weiten Kreisen der wissenschaftlichen Welt zur Persona non grata. Wie das?

1969 wird Lejeune der renommierte »William Allan Award« verliehen. Es ist die höchste Auszeichnung innerhalb der Fachwelt der Genetiker. Lejeune, der seit seiner Entdeckung zu seinem Entsetzen feststellen muss, dass man seine genetischen Erkenntnisse zur pränatalen Diagnostik missbraucht, nämlich zur Tötung von ungeborenen Kindern, die Trisomie 21 aufweisen, steht vor der Wahl: Soll er bei der Preisverleihung eine konventionelle Dankesrede halten oder soll er seine ärztliche Verantwortung wahrnehmen und für die leuchtende Wahrheit des Lebens Zeugnis ablegen?

Während der Preisverleihung in San Francisco drückt Lejeune vor den versammelten namhaften Genetikern in seiner Ansprache seinen Widerstand gegen die Abtreibungspraxis aus. Er sagt: »Töten oder Nichttöten, das ist die Frage. Seit Jahrhunderten hat die Medizin stets zugunsten des Lebens und der Gesundheit gekämpft, gegen die Krankheit und gegen den Tod. Wenn wir diese Grundlagen ändern, ändern wir die Medizin: Unsere Aufgabe ist es nicht, die Strafe zu verhängen, sondern die Strafe umzuwandeln.«[1] Und er schlägt vor, dass man den Namen des »Nationalen Gesundheitsinstituts« *(National Institute of Health)* umändern solle in die Bezeichnung »Nationales Tötungsinstitut« *(National Institute of Death),* denn dieser Name würde zu dessen Aktivität besser passen. Die Reaktion der Honoratioren ist eisiges Schweigen.

Die Karriere Lejeunes ist danach abrupt zu Ende. Mit seinem entschiedenen Eintreten für die unantastbare Würde der Kinder mit dem Down-Syndrom und seinem in den kommenden Jahren ebenso konsequenten öffentlichen Protest gegen die Abtreibung in Frankreich, die mit dem Veil-Gesetz legalisiert wird, ist sein Ansehen in den Augen etlicher seiner Kollegen ruiniert. Forschungsgelder werden ihm gestrichen, auf namhafte Kongresse wird er nicht mehr eingeladen, auf die Mauern der Medizinischen Fakultät und auf Schilder schmieren Anarchisten die Parolen: »Tod Lejeune und seinen kleinen Monstern!«[2] In akademischen Veranstaltungen bedroht ihn ein linker Mob sogar körperlich.

Lejeune widersteht dem Hass. Sein Credo: »Ich kämpfe nicht gegen Menschen, ich kämpfe gegen falsche Ideen.«[3] Illusionen gibt er sich nicht hin. Bereits nach seiner Rede in San Francisco hatte er in sein Tagebuch geschrieben:

»Ich weiß sicher und ich wusste es schon lange vorher, dass die wissenschaftliche Welt mir diese Missetat nicht verzeihen würde. Nonkonformist genug zu sein, um noch an die christliche Moral zu glauben und zu sehen, wie sie in voller Harmonie mit der modernen Genetik steht, das ist halt zu viel des Guten. Wenn jemals Chromosomen eine vage Chance auf den Nobelpreis hatten, so weiß ich, dass ich dem mit meiner Mahnung den Hals umgedreht habe. Aber zwischen dem und dem Halsumdrehen von kleinen Kindern, da gab's nichts zu überlegen.«[4]

Versuchen, sein Gewissen gleichsam zu kaufen, von denen seine Tochter mit Bezug auf schriftliche Belege Zeugnis gibt, widersteht er gleichfalls. Dafür erlebt er, wie die uralte historische Wahrheit, dass nämlich der Prophet im eigenen Land nichts gilt, sich an ihm erneut bewahrheitet. Während er maßgeblich an der Ausbildung der zukünftigen französischen Genetiker-Generation beteiligt ist, entzieht ihm der französische Staat die notwendigen finanziellen Ressourcen, um eine medizinisch qualifizierte Forschung zu betreiben, oder schikaniert ihn mit sinnlosen fiskalischen Kontrollen, bis er schließlich sein Labor und seinen Mitarbeiterstab aufgeben muss.

Amerikanische Stellen schlagen ihm die Übersiedlung in die Vereinigten Staaten vor, doch er will in seiner Heimat bleiben. Aufgrund seines internationalen Renommees stellen sich zu guter Letzt unerwartete Geldgeber aus dem Ausland ein (USA,

England, Neuseeland) und endlich auch das »Institut Claude Bernard«, sodass er an einem neuen Ort das »Institut de Progenèse« gründen kann.

Eine seiner zeitweiligen Mitarbeiterinnen, die Ärztin Pilar Calva, die zum Doktoratsstudium aus Lateinamerika nach Paris kommt, hält in ihren Erinnerungen an den großen Genetiker fest: »Was mich betrifft, so bestand die wertvollste seiner Leistungen in dem Wandel, den er in mir bewirkte. Als ich in Frankreich ankam, lebte ich ein Leben, das zwischen Glauben und Vernunft aufgeteilt war. Von Montag bis Samstag, so dachte ich, ziehe ich für meine wissenschaftlichen Aufgaben meinen weißen Arztkittel an; am Sonntag ziehe ich sodann den weißen Kittel aus, ziehe mein Kruzifix an und komme meinen religiösen Verpflichtungen nach. Professor Lejeune bekehrte mich gründlich, indem er mir klarmachte, dass man den weißen Kittel und das Kreuz tragen kann, und zwar gleichzeitig. Mit anderen Worten: Man kann sowohl mit den Flügeln des Glaubens als auch mit den Flügeln der Vernunft fliegen.«[5]

Die Liebesgeschichte

Jérôme Lejeune ist gerade einmal 25 Jahre alt, als er sein Medizinstudium mit der Verteidigung seiner Doktorarbeit abschließt und am Beginn seiner medizinischen Laufbahn steht. Doch wie genau wird es nun beruflich weitergehen?

Es ist wie so oft: Unspektakulär und doch bereits sehr präzise und alles Weitere bestimmend, ebnet sich der Weg. Professor Turpin, einer seiner Lehrer, schlägt ihm vor, in sein Forschungsteam einzutreten und sich eine Weile dem Mongolismus-Studium zu widmen. Lejeune sagt zu. Er weiß, dass mit dieser Konzentration auf ein bestimmtes Segment der medizinischen Forschung seine anderen vielfältigen Interessen zurückzustellen sind. Was er jedoch zu diesem Zeitpunkt nicht weiß, höchstens vage ahnt, ist, dass der früh eingeschlagene Weg zu seiner Lebensaufgabe wird, ja zu seiner definitiven Berufung. Und diese Berufung ist kein Job unter anderen, sondern im wahrsten Wortsinn eine Liebesgeschichte – die Liebesgeschichte zwischen Lejeune und seinen kleinen Patienten und deren Angehörigen.

Wie Calva notiert: »Während der stundenlangen Termine überraschte mich am meisten seine Liebe zum Leben. Er sah unterschiedliche Fälle: Patienten, bei denen trotz der von ihm verordneten Behandlung keine Besserung eintrat; Patienten, die litten, und deren Familien, vor allem die Eltern, litten. Ich erinnere mich, wie er zu jenen Eltern sprach, die sich dazu entschieden hatten, ihr Neugeborenes in der Wöchnerinnenstation zurückzulassen, wenn die Untersuchungen einige chromosomale Erkrankungen, zumal Trisomie 21, ergeben hatten: Wie er Worte sprach, um die Eltern und die Patienten zu Liebhabern des Lebens zu machen. Er zeigte ihnen sodann unter dem Mikroskop, inwiefern sie sich von anderen unterschieden. Er glaubte und machte auch andere glauben, dass Menschen, die an Erkrankungen des Auffassungsvermögens leiden, durchaus fähig sind zu lieben und insbesondere das Leben zu lieben. Ihnen widmete er Tausende von Stunden an klinischer Arbeit und Forschung.«[6]

Lejeunes Praxis ist bald international berühmt. Nicht nur aus Frankreich, sondern aus den unterschiedlichsten Ländern suchen ihn Eltern auf und bitten ihn um Hilfe für ihre Kinder. Und sie erleben einen weltberühmten Arzt, der ihren kleinen Sohn oder ihre kleine Tochter auf seine Knie nimmt und liebevoll mit deren Namen anspricht. »Viele der Mütter sagen«, so Dugast, »dass in ebendiesem Augenblick sie verstanden haben, dass ihr Kind zuallererst Paul oder Marie ist und nicht eine Krankheit. In den Worten einer Mutter: Seine Art, das Kind zu begrüßen, *mit Sanftheit und einer unendlichen Wertschätzung, so als habe er einen Prinzen vor sich,* ließ die Eltern begreifen, dass ihr Kind einen unendlichen Wert in den Augen Gottes hat.«[7]

Für seine kleinen Lieblinge erzählt Lejeune die klassische Erzählung des Däumlings (franz. *Tom Pouce*) neu. Wir alle sind einmal solche Däumlinge gewesen: »Den unglaublichen Däumling, den Menschen, der kleiner als mein Daumen ist, ihn gibt es wirklich! Ich meine nicht die Märchengestalt, sondern das Menschenkind, das jeder von uns einmal gewesen ist.«[8] Und alle wissenschaftlichen Neuerungen und hoch technisierten Erfindungen bestätigen das, was jedem Unverbildeten einleuchten müsste: »Die moderne Genetik lässt sich in diesem einfachen Glaubenssatz zusammenfassen: Am Anfang ist die Botschaft, und die Botschaft ist im Leben, und die Botschaft ist Leben. Als reine Umschreibung des Anfangs eines uralten Buches, das euch wohlbekannt ist, ist dies noch das Credo des materialistischsten Genetikers auf der Welt. Warum? Weil wir mit Gewissheit wissen, dass die Gesamtheit der Informationen, die das Individuum prägen und für seine Entwicklung sowie seinen Werdegang entscheidend ist, mit all ihren Eigenschaften in der ersten Zelle gespeichert ist. Und das wissen wir mit einer Gewissheit, die jeden vernünftigen Zweifel ausräumt.«[9] Der Däumling ist keine tote Ansammlung von Zellmaterial, kein der Manipulation preiszugebendes bloßes Gewebe, sondern vom allerersten Anfang an diese konkrete, lebendige, einmalige Person.

Und Lejeune belässt es nicht bei seinen medizinischen und wissenschaftlichen Aktivitäten. Er ist zugleich an einer Initiative beteiligt, die dafür sorgt, dass für schwangere Mütter in Not Zufluchtsorte geschaffen werden, wo sie und ihre Däumlinge Geborgenheit erfahren. So entstehen im Laufe der Jahre *Les maisons de Tom Pouce* (»Die Däumlingshäuser«), die bis heute Mütter empfangen und betreuen.

Wenn freilich über die Liebesgeschichte des Arztes Jérôme Lejeune mit seinen *petits attardés* (»kleinen Zurückgebliebenen«) gesprochen wird, so ist stets mitzubedenken, dass zu dieser Liebesgeschichte noch jemand dazugehört – Birthe, die Ehefrau Lejeunes, eine gebürtige Dänin lutherischer Konfession, die zur katholischen Kirche konvertiert. Jérôme und Birthe heiraten am 1. Mai 1952, der Ehe entspringen fünf Kinder.

In einem Brief an Birthe, noch aus der Verlobungszeit (eine Woche vor der Trauung), schreibt der Bräutigam über seine kurz zuvor getroffene berufliche Entscheidung, sich den mongoloiden Kleinen zu widmen: »Mein armer Liebling, du hast dir keinen Milliardär ausgesucht, und unsere Anfänge werden hart sein. Ich weiß allerdings jetzt, dass alles möglich sein wird, weil ich weiß, dass ich auf deinen Mut zählen kann und auf den Schutz Gottes, da das, was wir tun, gut ist. Turpin schlägt mir eine Arbeit mit den Mongoloiden vor, ein oder zwei Jahre. Du weißt, diese kleinen Behinderten. Ich bin überzeugt, dass es diesbezüglich etwas zu finden gibt und dass es vielleicht sogar möglich ist, das Leben von Tausenden (allein in Frankreich gibt es circa 10 000) zu verbessern, wenn wir entdecken, warum sie so sind. Es ist ein hochgestecktes Ziel, was, meine Liebe, uns große Opfer abverlangen wird. Doch wenn du damit einverstanden bist, ein derartig unsicheres, aber rechtes und gesundes Leben, welches auf besagter Hoffnung gründet, zu akzeptieren, bin ich mir sicher, dass wir es schaffen werden. (Ich sage *wir*, denn nur dann, wenn du mitgehst und mir hilfst, werde ich es zu etwas bringen.)«[10]

Und Birthe geht die Wege ihres Mannes mit. Sie ist die treue Gattin, die Gefährtin, die Mutter, die Ratgeberin, die mutige Frau, die Stütze, die unerschütterliche Mitkämpferin. Es sagt mehr als tausend Worte über die unverbrüchliche Gemeinsamkeit der Ehegatten, wenn man weiß, dass Jérôme während seiner etlichen Auslandsaufenthalte seiner Birthe täglich einen Brief schreibt.

Und um annähernd zu erfassen, wie sehr die Familie für Jérôme Lejeune Mittelpunkt und Kraftquelle in einem ist, genügt es, ein Familienfoto, das anlässlich des Weihnachtsfestes 1993 – wenige Monate vor seinem Tod – aufgenommen wurde, zu betrachten. Die Großfamilie ist da abgebildet, seine Frau, die Kinder, Enkelkinder, Schwiegersöhne, Schwiegertöchter.

Und mitten in der frohen Schar, umringt von seinen Lieben,
Lejeune.

Ein Leben

Mit dreizehn, angeregt durch die Lektüre Pascals und durch
Balzacs Roman *Der Landarzt*, hatte für den Heranwachsenden
der Herzenswunsch festgestanden, Arzt zu werden. So wird er
schließlich zu dem Humangenetiker Jérôme Lejeune, der in seinem Fachgebiet zu den Großen gezählt wird. Doch die Größe
des Genetikers bestand letztlich darin, dass er als ausgezeichneter Wissenschaftler nie vergaß, dass er zuallererst Mensch war,
der als Arzt die Aufgabe hat, dem Leben des Mitmenschen zu
dienen, weil eben dieses Leben die Gabe ist, die – in den Worten Benedikts XVI. – zu den »nicht verhandelbaren Werten«
zählt. Dies kollidierte zwangsläufig mit den Vorstellungen der
modernen Welt, welche vielerorts die Würde des menschlichen
Lebens mit Füßen tritt. Die Abtreibung im Gewand sogenann-
ter demokratischer Gesetzgebung – mittlerweile zur weltweiten
Epidemie geworden – ist das eklatanteste Beispiel in der Reihe
der infamen Angriffe auf die Unantastbarkeit des Lebens.

Johannes Paul II. hat in seiner Enzyklika *Evangelium vitae*
(1995), die man zurecht als *Magna Charta* des Lebensschutzes
bezeichnet, in Paragraf 68 festgestellt:»Eines der Wesensmerk-
male der – schon mehrmals erwähnten – derzeitigen Anschläge
auf das menschliche Leben besteht in dem Bestreben, *gesetzliche
Legitimation* für sie zu fordern, so als würde es sich um Rechte
handeln, die der Staat, zumindest unter bestimmten Bedingungen, den Bürgern zuerkennen müsse, und demzufolge in dem
Bestreben, die Umsetzung dieser Rechte mit dem sicheren und
unentgeltlichen Beistand der Ärzte und des Pflegepersonals zu
verlangen.«[11]
Der Arzt als Handlanger der Kultur des Todes, der den poli-
tisch beschlossenen Anschlag auf das Leben schließlich in die

Praxis umsetzt – dieser Pervertierung des ärztlichen Ethos hat sich Jérôme Lejeune zeit seines Lebens entgegengestellt. Und wenn im Paragrafen 73 derselben Enzyklika Johannes Paul II. zum notwendigen Widerstand gegenüber den inhumanen staatlichen Gesetzen mit den Worten aufruft: »Abtreibung und Euthanasie sind also Verbrechen, die für rechtmäßig zu erklären sich kein menschliches Gesetz anmaßen kann. Gesetze dieser Art rufen nicht nur keine Verpflichtung für das Gewissen hervor, sondern erheben vielmehr die *schwere und klare Verpflichtung, sich ihnen mithilfe des Einspruchs aus Gewissensgründen zu widersetzen*«[12], so hat Jérôme Lejeune diesen vom Sittengesetz geforderten Widerstand, ohne auf seine eigene wissenschaftliche Reputation oder Karriere zu achten, mutig geleistet.

Verleumdungen seiner Person, wie bereits erwähnt, waren zahlreich, und die Verleumdungen halten bis heute an. Ein Beispiel unter vielen: Der Westdeutsche Rundfunk (WDR) bringt 2019 eine Sendung, in der Lejeune mit der reißerischen Schlagzeile denunziert wird: »Lejeunes Karriere begann mit einer Lüge.«[13]

Der Hintergrund: 2009, anlässlich des 50-Jahr-Jubiläums der wissenschaftlichen Präsentation des überzähligen Chromosoms, meldet sich die ehemalige Mitarbeiterin Lejeunes, Marthe Gautier, medienwirksam zu Wort und beschuldigt Lejeune des Betrugs, da sie die eigentliche Entdeckerin sei.

Die »Fondation Jérôme Lejeune«, die Lejeunes Erbe verwaltet und weiterführt, hat zu den rufmörderischen Anschuldigungen ausführlich Stellung bezogen und dies anhand der historischen Quellen belegt (etwa: Laboraufzeichnungen der fraglichen Zeit, Briefe, Fotos etc.).[14] Danach kann keine Rede von einem Betrug sein. Die Widersprüche, Unterstellungen und Geschichtsfälschungen in den Aussagen Gautiers sind anhand der Quellen offensichtlich und somit leicht widerlegbar. Die »Fondation« fragte sich freilich, wieso diese Anschuldigungen gerade jetzt lanciert wurden. Und sie gibt das Folgende zu bedenken:

»Im Jahr 2009 anlässlich des 50. Jahrestages der Entdeckung erhob Marthe Gautier in einem Artikel in *Médecine/Sciences* zum ersten Mal die Vorwürfe. Sie sagt, sie sei von Freunden ermutigt worden, unter anderem von Professor Simone Gilgenkrantz. Wir wissen, dass Simone Gilgenkrantz zu den Ersten gehörte, die sich Jérôme Lejeune entgegenstellten, welcher die Pränataldiagnostik verweigerte, die zur Tötung von Kindern mit Trisomie 21 führte. Simone Gilgenkrantz schreibt in einem ihrer Bücher, dass die französische Genetik den Nobelpreis wegen Jérôme Lejeunes Position verpasst habe. Wir sind daher berechtigt, die Frage zu stellen, ob nicht wissenschaftliche, sondern politische Motive Marthe Gautiers Anschuldigungen und ihre Korrektur der Geschichte veranlasst – und beeinflusst – haben könnten. Und das trotz der offensichtlichen Tatsachen.«[15]

Johannes Paul II. hat, wie könnte es anders sein, in Jérôme Lejeune früh den Geistesverwandten erkannt. Als der Papst zu Beginn der Achtzigerjahre eine Päpstliche Akademie für das Leben plant, beauftragt er Lejeune mit deren Vorbereitung und Gründung. Es ist der 13. Mai 1981, als Lejeune während des gemeinsamen Mittagessens mit dem Pontifex diesen Auftrag erhält. Gegen 15 Uhr trennen sich der Papst und das Ehepaar Lejeune. Nur zwei Stunden später bricht Johannes Paul II. unter den Schüssen eines Attentäters auf dem Petersplatz zusammen. *Mors et vita duello* – Tod und Leben durch die Jahrhunderte hin im Kampf. Hier wird die Realität der Ostersequenz wieder in aller Deutlichkeit, in aller Unverschleiertheit sichtbar, tausendfach reproduziert durch die Fotos des Attentats.

Lejeune und seine Frau erfahren von dem Attentat im Taxi auf dem Heimweg. In der darauffolgenden Nacht leidet Lejeune an unerträglichen Leibschmerzen. Birthe bringt ihn als Notfallpatient ins Krankenhaus. Die beiden nächsten Tage halten die schrecklichen Schmerzen an. Niemand weiß Rat. Man befürchtet das Schlimmste. Schließlich gehen drei Gallensteine ab, die den Gallengang blockierten. Und während Lejeune operiert wird, ist im fernen Rom bereits ein anderer Patient operiert worden.

Am 26. Februar 1994 wird Lejeune vom Papst offiziell zum ersten Präsidenten der neu errichteten Akademie ernannt. Lejeune, schon vom Tod gezeichnet, zögert, ob er dieses Amt annehmen soll, doch schließlich ist er auch mit diesem Auftrag einverstanden. Er übt das Amt freilich nur einige Wochen aus, denn 33 Tage nach der Ernennung stirbt er.

Das ewige Leben

Im November 1993 wird bei Lejeune ein inoperables Lungenkarzinom diagnostiziert. Die beratenden Ärzte raten zu einer Chemo- und Strahlentherapie. Zu seiner Familie sagt er besänftigend:»Bis Ostern braucht ihr euch keine Sorgen zu machen. Ich werde auf jeden Fall bis dahin noch leben. Danach erfahren wir die endgültige Diagnose.«[16]

Wenn es die Krankheit ermöglicht, arbeitet er an den Statuten für die Päpstliche Akademie für das Leben, beantwortet Telefonanrufe und widmet sich dem Projekt, welchem seit so vielen Jahren sein Einsatz gilt: ein Heilmittel für die an Trisomie 21 Leidenden zu finden. Und er kämpft weiter für die von den modernen Ideologien und Technologien bedrohten ungeborenen Kinder. An einen Freund schreibt er:»Bis jetzt versuchte ich, der Soldat des Hauptmanns zu sein, zu dem gesagt wird: *Geh hin!,* so geht er. Heute kann ich weder weit noch schnell gehen. Obwohl wir die Embryonen, die am Tag der Unschuldigen Kinder angegriffen werden, schützen sollten, fehlen mir Atem und Kraft. Heute schreibe ich – getreu dem Spruch des Legionärs: *Et si fellitur de genu pugnat* – »Und wenn er fällt, kämpft er auf den Knien weiter.«[17]

Am Karfreitag empfängt er die Sterbesakramente. Zu seinen Kindern Damien und Clara sagt er:»Meine Kinder, wenn ich euch eine einzige Botschaft, die wichtigste überhaupt, hinter-

lassen kann, dann folgende: Gott hält uns in Seiner Hand. Im
Laufe meines Lebens habe ich dies mehrmals erfahren.«[18]

Auf die Frage Damiens, welche besonderen Wünsche er für
das Requiem und für die Beerdigung habe, antwortet er, dass er
nur einen Wunsch habe: »Nur eines liegt mir am Herzen: Meine
kleinen Kranken, die das wünschen, sollen kommen können,
ohne Scheu, und Plätze sollten für sie reserviert werden.«[19]

Genauso geschieht es. Beim Begräbnis in Notre-Dame geht
Bruno während der Fürbitten nach vorn. An Brunos Karyogramm[20] sowie an denjenigen von sechs anderen an Trisomie 21 Erkrankten hat Lejeune seinerzeit seine revolutionäre
Entdeckung gemacht. Zur Überraschung aller ergreift Bruno
das Mikrofon, in seiner Hand die Todesanzeige des Verstorbenen. Und Bruno sagt mit klarer und starker Stimme: »Mein
Professor, ich danke Ihnen für das, was Sie für meine Mutter
und meinen Vater getan haben. Dank Ihnen bin ich stolz auf
mich.«[21]

Jérôme Lejeune stirbt in der Frühe des Ostersonntags im
Jahr 1994. Als am Morgen der Priester das Krankenzimmer be-
tritt, um Lejeune die heilige Kommunion zu reichen, empfängt,
da er bereits verstorben ist, an seiner Stelle seine Frau den Leib
des Herrn.

Um sein inneres glückliches Leben hatte Lejeune nie großes
Aufheben gemacht. Das gehörte zu seiner Haltung der Diskretion. Wer sehen wollte, der sah, dass er aus dem Glauben lebte.
Die alles entscheidende Liebe zu Christus überwölbte das Leben des Ehemanns, des Familienvaters, des Arztes, des Freundes. In einem nie abgeschickten Brief an seinen geliebten Bruder Philippe hatte er Jahrzehnte zuvor, 1967, anlässlich des
Besuchs eines Kongresses der Israelischen Medizinischen Gesellschaft geschrieben, was ihm am See von Genezareth wider-
fahren war. Wie er dort in »eine kleine unansehnliche Kapelle«
eingetreten war mit einem »vielleicht nicht einmal 30 Jahre alten
Pflaster«. Und Jérôme wirft sich auf den Boden und küsst »die
verborgene Spur der Schritte desjenigen, der hier war«. Und

hier in dieser armseligen Kapelle empfindet er sich ›wie ein
Sohn, der seinen viel geliebten Vater wiederfindet, den er nun
wahrhaftig erkennt, einen verehrten Meister, ein sich ihm offen-
barendes hochheiliges Herz. Es war etwas von all dem und noch
viel mehr. […] Ich kehrte zum See von Genezareth zurück, für
immer und ewig von der Gewissheit getragen, dass Jesus ein
Wiedersehen und eine wunderbare Intimität für die Menschen
vorbereitet hat, hier oder dort, hienieden oder dort oben, dort
unten oder hier oben, sehr weit weg, sehr fern oder aber sehr
bald in jener realen unsichtbaren Welt, die sich erst jenseits der
Zeit erschließen lässt.«[22]

»Bruder Jérôme«

In seinem Kondolenzschreiben an den Pariser Kardinal Lusti-
ger, einen Tag nach dem Heimgang Lejeunes, schreibt Papst
Johannes Paul II.:

»Als Biologe und Wissenschaftler war er vom Leben begeistert.
[…] Er ist ein unermüdlicher Verteidiger des Lebens geworden,
vor allem des Lebens ungeborener Kinder, das in unserer zeit-
genössischen Gesellschaft so großen Gefahren ausgesetzt ist,
dass man an eine geplante Bedrohung denken könnte. […] Professor Jérôme Lejeune hat die besondere Verantwortung des
Wissenschaftlers in vollem Umfang auf sich genommen: Er
war bereit, zum Zeichen des Widerspruchs zu werden, ohne
sich um den Druck seitens der freizügigen Gesellschaft zu kümmern oder um die Verfemung, der er ausgesetzt war. Heute
trifft uns der Tod eines großen Christen des 20. Jahrhunderts,
eines Menschen, für den die Verteidigung des Lebens zum
Apostolat wurde. Es ist offensichtlich, dass diese Form des
Laienapostolats in der gegenwärtigen Lage der Welt besonders
nötig ist. Wir möchten heute Gott, dem Urheber des Lebens,
für alles danken, was Prof. Lejeune für uns gewesen ist und was

er für den Schutz und die Förderung der Würde des menschlichen Lebens getan hat. Ich möchte ihm insbesondere dafür danken, dass er damals die Initiative zur Einrichtung der Päpstlichen Akademie für das Leben ergriff. Prof. Lejeune war lange Jahre Mitglied der Päpstlichen Akademie der Wissenschaften; er bereitete alles Notwendige zu dieser Neugründung vor, deren erster Präsident er wurde. Wir sind sicher, dass er nunmehr bei der göttlichen Weisheit für diese so wichtige Institution betet, die ihr Dasein größtenteils ihm verdankt.«[23]

Und Johannes Paul II. spricht Lejeune an mit: »Unser Bruder Jérôme«.

Am 21. Januar 2021 wurde dem Diener Gottes Jérôme Lejeune im Zuge des eingeleiteten Seligsprechungsprozesses von der Kongregation für die Selig- und Heiligsprechungsprozesse der heroische Tugendgrad zuerkannt. Er ist damit als verehrungswürdig proklamiert.

Aussprüche Jérôme Lejeunes

»Der Chromosomenrassismus ist furchtbar so wie alle Formen des Rassismus. […] Mitgefühl mit den Eltern ist ein Gefühl, das jeder Arzt haben sollte. Wenn ein Arzt dieses Gefühl nicht hat, ist er nur eine Art Computer, eine Maschine, die Rezepte ausstellt. Derjenige, der Eltern sagen könnte, dass ihr Kind schwer krank ist und dem sich dabei nicht das Herz zusammenkrampft, wenn er an den Schmerz denkt, der sie überwältigen wird, dieser Mann wäre unseres Berufes nicht würdig. Doch schützt man sich nicht vor einem Leid, indem man ein Verbrechen begeht, und man erleichtert den Kummer eines Menschen nicht, indem man einen anderen Menschen tötet.«[24]

Zu seinem Team:

»Ich werde gezwungen sein, mich öffentlich zu äußern, um unsere Patienten zu verteidigen. Man wird unsere Entdeckung benutzen, um sie zu beseitigen. Wenn ich mich nicht für sie einsetze, verrate ich sie und gebe auf, was ich de facto geworden bin: ihr natürlicher Anwalt.«[25]

»Die Kinder von der Liebe zu trennen, ist für unser Menschengeschlecht ein methodischer Fehler: Die Empfängnisverhütung besteht darin, einander zu lieben, ohne das Kind zu schaffen. Die künstliche Befruchtung: Das Kind wird geschaffen, ohne dass der Mann und die Frau einander lieben. Die Abtreibung: Das Kind wird zerstört. Die Pornografie: Zerstört wird die Liebe. Alle diese Taten sind in unterschiedlichem Maße mit dem natürlichen Sittengesetz unvereinbar.«[26]

»Man sagt, die Abtreibung gehöre nun zu den Moralvorstellungen und dagegen könne man nichts mehr tun [...]. [Aber] der Wandel kann auch in die andere Richtung gehen, und – ohne den Propheten zu spielen – wir können sicher sein, dass er stattfinden wird. Gesundheit durch Tod ist ein lächerlicher Triumph. Es ist das Leben, das allein gewinnen kann.«[27]

»Gerade die moderne Genetik lehrt uns, dass der geschriebene Stil der Chromosomen für unsere ganze Art derselbe ist. Dass vom Chinesen bis zum Patagonier, vom Lappländer bis zum Buschmann alle Menschen die gleichen Chromosomen haben, das beweist uns ihre Abstammung von den gleichen Vorfahren. [...] Die alte Idee, dass die Menschen Brüder sind, ist daher nicht nur die Empfindung des Dichters oder die Hoffnung des Moralisten, sondern eine Wirklichkeit der Forschungsbefunde. Und diese Brüderlichkeit wird noch ergänzt durch die unglaubliche Demut, in der jeder von uns seine Existenz begonnen hat. [...] Diese Brüderlichkeit und diese Demut müssen daher auch die Leitbilder für unser ganzes Verhalten sein. Und vielleicht noch mehr für uns Mediziner, die wir die Aufgabe haben, das Leben der Menschen zu bewahren, denn der Respekt vor dem Leben ist der Grund, auf dem alle natürlichen Werte beruhen.«[28]

Anmerkungen

Einleitung

[1] Hamm, Anton/Teschke, Gerd, *Ein deutscher Arzt als »Heiliger« in Moskau*, Berlin/Bonn 1983, 112 f.

[2] https://hippokrates.ch/wichtige-texte/eid-des-hippokrates/; enthält unterschiedliche Übersetzungsvorschläge des Eids, abgerufen 11. Februar 2023.

[3] Schipperges, Heinrich, *Der Garten der Gesundheit. Medizin im Mittelalter*, München 1985, 242.

[4] Weil, Simone, *Das Unglück und die Gottesliebe*, München ²1961, 88.

[5] https://hippokrates.ch/wichtige-texte/eid-des-hippokrates/; enthält unterschiedliche Übersetzungsvorschläge des Eids, abgerufen 11. Februar 2023.

Hildegard von Bingen

[1] Schipperges, Heinrich, *Die Welt der Hildegard von Bingen. Leben, Wirken, Botschaft*, Freiburg 1997, 13.

[2] Hildegard von Bingen, *Wisse die Wege. Scivias*, ins Deutsche übertragen und bearbeitet von Maura Böckeler, Salzburg ⁷1981.

[3] Führkötter, Adelgundis (Hg.), *Das Leben der heiligen Hildegard, berichtet von den Mönchen Gottfried und Theoderich*, Salzburg ²1980, 53.

[4] Ebd., 55.

[5] Führkötter, Adelgundis (Hg.), *Hildegard von Bingen, »Nun höre und lerne, damit du errötest...«, Briefwechsel* – nach den ältesten Handschriften übersetzt und nach den Quellen erläutert von Adelgundis Führkötter OSB, Freiburg 1997, 15.

[6] Ebd., 226.

[7] Schulz, Gerhard (Hg.), *Novalis*, Werke, Studienausgabe, 2. neu bearb. Aufl., München 1981, 383.

[8] Schipperges, Heinrich, *Hildegard von Bingen. Gotteserfahrung und Weg in die Welt*, Olten und Freiburg im Breisgau ³1980, 178.

[9] Hildegard von Bingen, *Welt und Mensch. Das Buch »De operatione Dei«*, übersetzt und erläutert v. Heinrich Schipperges, Salzburg 1965, 240.

[10] Schipperges, Heinrich, *Hildegard von Bingen. Ein Zeichen für unsere Zeit*, Frankfurt 1981, 161.

[11] *Benedikt XVI.*, https://abtei-st-hildegard.de/katechesen-papst-benedikts-xvi-zu-hildegard-von-bingen/, abgerufen am 11. Februar 2023.

[12] Hildegard von Bingen, *Der Mensch in der Verantwortung. Das Buch der Lebensverdienste (Liber Vitae Meritorum)*, übersetzt u. erläutert von Heinrich Schipperges, Salzburg 1972, 227.

[13] Gronau, Eduard, *Hildegard von Bingen. Prophetische Lehrerin der Kirche an der Schwelle und am Ende der Neuzeit*, Stein am Rhein [22]1991, 223.

[14] Schipperges, Heinrich, *Die Welt der Hildegard von Bingen. Leben, Wirken, Botschaft*, Freiburg 1997, 99.

[15] Schipperges, Heinrich, »Hildegard von Bingen«, in: *Frauen der Kirche*, hg. v. Lorenz, Erika/Straub, Veronika, München 1986, 11–31, 29.

[16] Hildegard von Bingen, *Welt und Mensch*, a. a. O., 280.

[17] Schipperges, Heinrich, *Die Welt der Hildegard von Bingen. Leben Wirken, Botschaft*, a. a. O., 74.

[18] Ebd., 69 f.

[19] Schipperges, Heinrich (Hg.), *Hildegard von Bingen. Geheimnis der Liebe. Bilder von des Menschen leibhaftiger Not und Seligkeit*. Nach den Quellen übersetzt und bearbeitet v. Heinrich Schipperges, Olten 1957, 26.

[20] »Es ist kein Zufall, dass die Seele und die Tugendkräfte im *Ordo virtutum* singen, während der Teufel völlig unmusikalisch ist und nur ein störendes Gekrächze zustande bringt. Denn der Teufel ist der einzige in Gottes harmonischer Schöpfung, der für Dissonanzen sorgt und kein Interesse daran hat, dass sich der Mensch an das Paradies erinnert«, so Gosebrink, Hildegard, *Hildegard von Bingen begegnen*, Augsburg [2]2009, 117.

[21] Schipperges, Heinrich, *Hildegard von Bingen. Gotteserfahrung und Weg in die Welt*, a. a. O., 161 f.

[22] Ebd., 162.

[23] Hildegard von Bingen, *Der Mensch in der Verantwortung. Das Buch der Lebensverdienste*, a. a. O.

[24] Schipperges, Heinrich, *Hildegard von Bingen. Gotteserfahrung und Weg in die Welt*, a. a. O., 181.

[25] *Gerl-Falkovitz, Hanna-Barbara*, »Wunden, Kampf und Heil: Hildegard von Bingen (1098–1179) und das Drama zwischen Gott und

Mensch«, in: dies., *Freundinnen. Christliche Frauen aus zwei Jahrtausenden*, Donauwörth ³2003, 37–49, 44.

²⁶ Ebd., 46 (Carmina 19).

²⁷ Hildegard von Bingen, *Wisse die Wege*, a. a. O., 118.

²⁸ Schipperges, Heinrich, *Hildegard von Bingen. Gotteserfahrung und Weg in die Welt*, a. a. O., 182.

²⁹ Schipperges, Heinrich, *Die Welt der Hildegard von Bingen. Leben, Wirken, Botschaft*, a. a. O., 105.

³⁰ Führkötter, Adelgundis (Hg.), *Das Leben der heiligen Hildegard, berichtet von den Mönchen Gottfried und Theoderich*, a. a. O., 94 f.

³¹ Ebd., 227.

³² Ebd., 86.

³³ Ebd.

³⁴ *Benedikt XVI.*, https://abtei-st-hildegard.de/katechesen-papst-benedikts-xvi-zu-hildegard-von-bingen/, abgerufen am 11. Februar 2023.

³⁵ Führkötter, Adelgundis (Hg.), *Hildegard von Bingen, »Nun höre und lerne, damit du errötest…«*, Briefwechsel, a. a. O., 19.

³⁶ Schipperges, Heinrich, *Hildegard von Bingen. Gotteserfahrung und Weg in die Welt*, a. a. O., 150.

³⁷ Schipperges, Heinrich, *Die Welt der Hildegard von Bingen. Leben Wirken, Botschaft*, a. a. O., 74.

³⁸ Gosebrink, Hildegard, *Hildegard von Bingen begegnen*, Augsburg ²2009, a. a. O., 78.

³⁹ Schipperges, Heinrich, *Die Welt der Hildegard von Bingen. Leben Wirken, Botschaft*, a. a. O., 98.

⁴⁰ Ebd., 54.

⁴¹ Ebd., 14.

⁴² Führkötter, Adelgundis (Hg.), *Hildegard von Bingen, »Nun höre und lerne, damit du errötest…«, Briefwechsel*, a. a. O., 96.

⁴³ Ebd., 226 f.

⁴⁴ Führkötter, Adelgundis (Hg.), *Das Leben der heiligen Hildegard, berichtet von den Mönchen Gottfried und Theoderich*, a. a. O., 132.

⁴⁵ Ebd.

⁴⁶ Hildegard von Bingen, *Umarmt vom Lebendigen Licht. Prophetische Worte und Gebete*, ausgewählt u. übersetzt v. Maria-Assumpta Hönmann OSB, mit einer Einführung v. Hanna-Barbara Gerl, Freiburg 1993, 88 f.

⁴⁷ Ebd., 88.

⁴⁸ Ebd., 55 f.

⁴⁹ Ebd., 57 f.

⁵⁰ Ebd., 65 f.

⁵¹ Ebd., 71.

⁵² Ebd., 117.

Friedrich Joseph Haass

¹ Hamm, Anton/Teschke, Gerd, *Ein deutscher Arzt als »Heiliger« in Moskau*, Berlin/Bonn 1983, 112.

² Friedrich-Joseph-Haass-Gesellschaft (Hg.), *Der »heilige Doktor« von Moskau. Friedrich Joseph Haass. Münstereifel 1780–Moskau 1853*, Bad Münstereifel 2007, 32.

³ Hamm, Anton/Teschke, Gerd, *Ein deutscher Arzt als »Heiliger« in Moskau*, a. a. O., 39.

⁴ Kemper, Dirk, *Das außergewöhnliche Leben des Friedrich Joseph Haass: Biografie einer Legende*, Freiburg 2021, 203.

⁵ Hamm, Anton/Teschke, Gerd, *Ein deutscher Arzt als »Heiliger« in Moskau*, a. a. O., 45, zitieren Koni: »In einer nach seinem Tod herausgegebenen Schrift *(Appel aux femmes)* sagt er: Beeilt euch, das Gute zu tun! Diese Worte waren die Losung seines ganzen späteren Lebens, und jeder Tag desselben war eine lebendige Bestätigung und Verwirklichung derselben.« Auf der Granitplatte der Haass'schen Grabstätte ist in kyrillischer Schrift das Lebensmotto des Arztes angebracht: Spešite delat' dobro.

⁶ Ebd., 155.

⁷ Friedrich-Joseph-Haass-Gesellschaft (Hg.), *Der »heilige Doktor« von Moskau. Friedrich Joseph Haass*, a. a. O., 357.

⁸ Hamm, Anton/Teschke, Gerd, *Ein deutscher Arzt als »Heiliger« in Moskau*, a. a. O., 68.

⁹ Ebd., 99 f.

¹⁰ Ebd., 99. S. 92 notieren die Autoren: »Er war *l'homme de Dieu*, ein Mann Gottes, der heilige Doktor, wie er in seinen letzten Lebensjahren von allen wie selbstverständlich genannt wurde.«

¹¹ Ebd., 104.

¹² Kopelew, Lew, *Der heilige Doktor Fjodor Petrowitsch. Die Geschichte des Friedrich Joseph Haass*, Hamburg 1984, 201.

¹³ Friedrich-Joseph-Haass-Gesellschaft (Hg.), *Der »heilige Doktor« von Moskau. Friedrich Joseph Haass*, a. a. O., 351.

[14] Hamm, Anton/Teschke, Gerd, *Ein deutscher Arzt als »Heiliger« in Moskau,* a.a.O., 111.

[15] Friedrich-Joseph-Haass-Gesellschaft (Hg.), *Der »heilige Doktor« von Moskau. Friedrich Joseph Haass,* a.a.O., 386.

[16] Hamm, Anton/Teschke, Gerd, *Ein deutscher Arzt als »Heiliger« in Moskau,* a.a.O., 126.

[17] Ebd., 119.

Ladislaus Batthyány-Strattmann

[1] Eine entzündliche Nierenkrankheit, bekannt geworden durch den englischen Arzt Richard Bright.

[2] Dirnbeck, Josef, *Geöffnete Augen. Ladislaus Batthyány-Strattmann und sein Leben als »Arzt der Armen«,* Güssing 2003, 24.

[3] Ebd., 36.

[4] Gatscher-Riedl, Gregor, »Magnat, Mediziner und Menschenfreund: Der Augenarzt Dr. Ladislaus Fürst Batthyány-Strattmann (1870–1931)«, in: *Burgenländische Heimatblätter* 65 (2003), hg. v. Amt der Burgenländischen Landesregierung, Hauptreferat 7-AB (Landesarchiv und -bibliothek), Eisenstadt, 36–52, 44.

[5] Ebd., 46.

[6] Puskely, Maria, *Öffne deine Augen und sieh! Dr. Ladislaus Batthyány-Strattmann. 1870–1931,* Eisenstadt 1988, Manuskript, 6.

[7] Dirnbeck, Josef, *Geöffnete Augen. Ladislaus Batthyány-Strattmann und sein Leben als »Arzt der Armen«,* a.a.O., 58.

[8] Puskely, Maria, *Öffne deine Augen und sieh! Dr. Ladislaus Batthyány-Strattmann.,* a.a.O., 10. Lat. Zitat: Auf dass alle in Ewigkeit das wahre Licht erschauen mögen.

[9] Dirnbeck, Josef, *Geöffnete Augen. Ladislaus Batthyány-Strattmann und sein Leben als »Arzt der Armen«,* a.a.O., 16.

[10] Puskely, Maria, *Öffne deine Augen und sieh! Dr. Ladislaus Batthyány-Strattmann,* a.a.O., 9.

[11] Ebd., 51 f.

[12] Ebd., 17.

[13] Ebd., 49.

[14] Bischöfliches Ordinariat der Diözese Eisenstadt (Hg.), Novenenheft »Öffne uns die Augen für das Wunder des Lichts«, anlässlich der Seligsprechung, 4. Tag.

[15] Ebd.

[16] Ebd., 73.

[17] Puskely, Maria, *Öffne deine Augen und sieh! Dr. Ladislaus Batthyány-Strattmann*, a. a. O., 25.

[18] Ebd., 65.

[19] Ebd., 25.

[20] Ebd., 67. Zitat: »Nicht mir, sondern Gott gebührt die Ehre.«

[21] Ebd., 13.

[22] Website der Familie: https://www.batthyany.at/der-selige-ladislaus/.

[23] Puskely, Maria, *Öffne deine Augen und sieh! Dr. Ladislaus Batthyány-Strattmann*, a. a. O., 3.

[24] Gatscher-Riedl, a. a. O., 47.

[25] Dirnbeck, Josef, *Geöffnete Augen. Ladislaus Batthyány-Strattmann und sein Leben als »Arzt der Armen«*, a. a. O., 75.

[26] Ebd., 76.

[27] Gatscher-Riedl, Gregor, »Magnat, Mediziner und Menschenfreund: Der Augenarzt Dr. Ladislaus Fürst Batthyány-Strattmann (1870–1931)«, a. a. O., 49.

[28] Puskely, Maria, *Öffne deine Augen und sieh! Dr. Ladislaus Batthyány-Strattmann*, a. a. O., 34.

[29] Dirnbeck, Josef, *Geöffnete Augen. Ladislaus Batthyány-Strattmann und sein Leben als »Arzt der Armen«*, a. a. O., 56.

[30] Weinhoffer, Andreas, *Fürst Dr. Ladislaus Batthyány-Strattmann (1870–1931). Wissenswertes aus dem Leben des »Arztes der Armen« anlässlich seiner Seligsprechung am 23. März 2003*, Manuskript, Pinkafeld März/April 2003, 9.

[31] Puskely, Maria, *Öffne deine Augen und sieh! Dr. Ladislaus Batthyány-Strattmann*, a. a. O., 7.

[32] Website der Familie: https://www.batthyany.at/der-selige-ladislaus/.

Giuseppe Moscati

[1] Papàsogli, Giorgio, *Giuseppe Moscati. Das Leben eines heiligen Arztes*, Stein am Rhein 1982, 72 f.

[2] Ebd.

[3] St. Josef Heft 26 (2021/2022), *Der heilige Wissenschaftler und Arzt – Giuseppe Moscati*, Kleinhain, 11.

[4] Papàsogli, Giorgio, *Giuseppe Moscati. Das Leben eines heiligen Arztes*, a. a. O., 16.

[5] Ebd., 35.

[6] Abtei Saint-Joseph de Clairval, Rundbrief v. 24. Februar 2016.

[7] Papàsogli, Giorgio, *Giuseppe Moscati. Das Leben eines heiligen Arztes*, a. a. O., 65.

[8] Ebd., 82.

[9] Ebd., 83.

[10] Holböck, Ferdinand, »Der heilige Giuseppe Moscati«, in: ders., *Die neuen Heiligen der katholischen Kirche*, Bd. 2, Stein am Rhein 1992, 248–250, 250.

[11] St. Josef Heft 26 (2021/2022), *Der heilige Wissenschaftler und Arzt – Giuseppe Moscati*, a. a. O., 6.

[12] Papàsogli, Giorgio, *Giuseppe Moscati. Das Leben eines heiligen Arztes*, a. a. O., 56.

[13] Ebd., 93.

[14] Tripodoro, Antonio, S.J., *Saint Giuseppe Moscati: Doctor of the poor*, San Francisco 2015, 145.

[15] Ebd., 157.

[16] Ebd., 146.

[17] Ebd., 145.

[18] Ebd., 144.

[19] Ebd., 150.

Riccardo Pampuri

[1] Holböck, Ferdinand, »Der selige Riccardo Filippo Pampuri. Barmherziger Bruder«, in: ders., *Die neuen Heiligen der katholischen Kirche*, Bd. 1, Stein am Rhein 1991, 79–83, 81.

[2] Mutschlechner, Nikolaus, *Ein Arzt wählt Gott. Der heilige Frater Richard Pampuri aus dem Orden der Barmherzigen Brüder. Ein Lebensbild*, München [2]1998, 21.

[3] Ebd., 29.

[4] Ebd.

[5] Ebd., 31.

[6] Ebd., 48.

[7] Ebd., 47.

[8] Ebd., 60.

[9] Ebd., 63.

[10] Cioni, Laura, *Il santo semplice: Vita e lettere di San Riccardo Pampuri*, Genova, Ristampa 2015, 7f. (Vorwort). Bezeichnenderweise lautet der Titel der Biografie von Cioni *Der einfache Heilige*.

[11] Mutschlechner, Nikolaus, *Ein Arzt wählt Gott. Der heilige Frater Richard Pampuri aus dem Orden der Barmherzigen Brüder*, a. a. O., 61.

[12] Ebd., 80.

[13] Ebd., 81.

[14] *Giovanni Volta*, vescovo di Pavia, *Novena a San Riccardo Pampuri*, Quarto Giorno – La fiducia nella Provvidenza, 12 ff.

[15] Website der Barmherzigen Brüder Österreichs: https://www.barmherzige-brueder.at/site/barmherzigebrueder/aktuelles/article/28 054.html, abgerufen am 11. Februar 2023.

[16] Cioni, Laura, *Il santo semplice: Vita e lettere di san Riccardo Pampuri*, a. a. O., 142.

[17] Website der Barmherzigen Brüder Österreichs, *a. a. O.*

[18] Mutschlechner, Nikolaus, *Ein Arzt wählt Gott. Der heilige Frater Richard Pampuri aus dem Orden der Barmherzigen Brüder*, a. a. O., 39.

[19] Ebd., 7.

Anna Dengel

[1] https://www.aeiou.at/aeiou.stamp.1992.920522b, abgerufen am 11. Februar 2023.

[2] Rhomberg, Hans-Peter, *Anna Dengel. Mit einem Vorwort von Mutter Teresa*, Innsbruck [2]1993, 16.

[3] Plechl, Pia Maria, *Die Ärztin im Habit*, Leipzig 1981, 30.

[4] Ebd., 31.

[5] Rhomberg, Hans-Peter, *Anna Dengel*. a. a. O., 25.

[6] Ebd., 78.

[7] Plechl, Pia Maria, *Die Ärztin im Habit*, a. a. O., 36.

[8] Rhomberg, Hans-Peter, *Anna Dengel*. a. a. O., 47.

[9] Schödl, Ingeborg, *Anna Dengel. Ärztin, Missionarin, Ordensgründerin. Das Unmögliche wagen*, Innsbruck 2014, 115.

[10] S. den Rundbrief an die Gemeinschaft zu Pfingsten 1973, in dem sie schreibt: »Nun beginnt für mich die Sonne unterzugehen – da ist es tröstlich zu wissen, dass die, die geholfen haben, unsere Gemeinschaft aufzubauen, fortfahren werden, innerhalb der heiligen Mutter Kirche ihre Aufgabe zu erfüllen [...].« Plechl, a. a. O., 109.

[11] Schödl, Ingeborg, *Anna Dengel. Ärztin, Missionarin, Ordensgründerin*, a. a. O., 138.

[12] Rhomberg, Hans-Peter, *Anna Dengel*. a. a. O., 7.

[13] Ebd., 6.

[14] Plechl, Pia Maria, *Die Ärztin im Habit*, a.a.O., 124.

[15] Ebd., 38.

[16] Ebd., 111.

[17] Schödl, Ingeborg, *Anna Dengel. Ärztin, Missionarin, Ordensgründerin*, a.a.O., 52.

[18] Plechl, Pia Maria, *Die Ärztin im Habit*, a.a.O., 68.

[19] Ebd., 90f.

[20] Ebd., 100f.

[21] Rhomberg, Hans-Peter, *Anna Dengel*. a.a.O., 6.

[22] Plechl, Pia Maria, *Die Ärztin im Habit*, a.a.O., 82.

[23] Ebd., 122.

[24] Ebd., 68.

[25] Schödl, Ingeborg, *Anna Dengel. Ärztin, Missionarin, Ordensgründerin*, a.a.O., 99.

Takashi Nagai

[1] Nagai, Paul Takashi, *Notizen auf einem Sterbebett* (enthält die beiden Notizbücher Nagais:»Rosenkranzkette« und »Abschied von diesem Kinde«), St. Ottilien o.J., 17.

[2] Glynn, Paul, S.M., *Ein Lied für Nagasaki. Über das Leben von Takashi Nagai. Wissenschaftler, Konvertit und Überlebender des Atombombenabwurfes*, Illertissen 2016, 37f.

[3] *Pensées*, VI, 347 (hier zit. n. Pacal, Blaise, *Pensées. Über die Religion und über einige andere Gegenstände*, Heidelberg [8]1978, 167).

[4] Glynn, Paul, S.M., *Ein Lied für Nagasaki*, a.a.O., 46f.

[5] *Pensées*, IV, 277 (hier zit. n. Pacal, Blaise, *Pensées. Über die Religion und über einige andere Gegenstände*, a.a.O., 141).

[6] Die berühmte *Pascal'sche Wette* besagt, dass wir an der Wahl nicht vorbeikommen: Existiert Gott oder existiert Gott nicht? »Gewählt muss werden.« Klug ist, sich für die Existenz Gottes zu entscheiden, denn: »Wir wollen Gewinn und Verlust abwägen, setze du aufs Glauben; wenn du gewinnst, gewinnst du alles, wenn du verlierst, verlierst du nichts. Glaube also, wenn du kannst.« (Ebd., 120ff.).

[7] *Pensées*, VII, 430 (hier zit. n. Pacal, Blaise, *Pensées. Über die Religion und über einige andere Gegenstände*, a.a.O., 198).

[8] Glynn, Paul, S.M., *Ein Lied für Nagasaki*, a.a.O., 150.

[9] Ebd., 170.

[10] Ebd., 171.

[11] Ebd., 173.

[12] Nagai, Paul Takashi, *Die Glocken von Nagasaki. Geschichte der Atombombe*, Luzern [5]1956, 39f.

[13] Nagai, Paul Takashi, *Notizen auf einem Sterbebett*, a. a. O., 28.

[14] Nagai, Paul Takashi, *Die Glocken von Nagasaki*, a. a. O., 12.

[15] Ebd., 163.

[16] Ebd., 166.

[17] Glynn, Paul, S.M., *Ein Lied für Nagasaki*, a. a. O., 242.

[18] Ebd., 267.

[19] Urakami ist der Vorort Nagasakis, in dem Nagai wohnte.

[20] Nagai, Paul Takashi, *Die Glocken von Nagasaki*, a. a. O., 147 ff.

[21] Glynn, Paul, S.M., *Ein Lied für Nagasaki*, a. a. O., 253.

[22] Ebd., 294.

[23] Ebd., 165.

[24] Ebd., 277.

[25] Ebd., 245.

[26] Ebd., 290.

[27] Nagai, Paul Takashi, *Notizen auf einem Sterbebett*, a. a. O., 20 f.

[28] Ebd.

[29] Glynn, Paul, S.M., *Ein Lied für Nagasaki*, a. a. O., 226.

Gianna Beretta Molla

[1] Lelièvre, Thierry, *Hl. Gianna Beretta Molla. Mutter bis zum Ende*, Illertissen 2019, 27.

[2] Ebd., 40f.

[3] Ebd., 77.

[4] Ebd., 76.

[5] Ebd., 78.

[6] Ebd.

[7] Brem, Hildegard, OCist, *In der Freude der Liebe. Gianna Beretta Molla*, Maria Roggendorf [2]2005, 47.

[8] Lelièvre, Thierry, *Hl. Gianna Beretta Molla*, a. a. O., 84.

[9] Ebd., 85.

[10] Arbeitsgruppe zur Seligsprechung von Gianna Beretta Molla (Hg.), *Gianna Beretta Molla. Ein Weg der Heiligkeit*, Centro Ambrosiano 1994, 36.

[11] Ebd., 43.

[12] Lelièvre, Thierry, *Hl. Gianna Beretta Molla*, a. a. O., 111.

[13] Holböck, Ferdinand, »Die selige Gianna Beretta Molla«, in: ders., *Die neuen Heiligen der katholischen Kirche*, Bd. 4, Stein am Rhein 2000, 114–119, 118.

[14] Gebets- und Freundeskreis Gianna Beretta Molla (Hg.), *Sie starb für das Leben – Sie liebte bis zur Vollendung.* Informationsschrift zur Heiligsprechung vom 16. Mai 2004 in Rom, 15.

[15] Aus einem Vortrag von Sr. Virginia beim Welt-Gebets-Kongress für das Leben, Fatima, 4.–8. Oktober 2006 (private Aufzeichnung).

[16] Lelièvre, Thierry, *Hl. Gianna Beretta Molla*, a. a. O., 117.

[17] Molla, Pietro/Guerriero, Elio, *Saint Gianna Molla. Wife, Mother, Doctor*, San Francisco 2004, 123.

[18] Lelièvre, Thierry, *Hl. Gianna Beretta Molla*, a. a. O., 58.

[19] Ebd., 164 f.

[20] Lelièvre, Thierry, *Hl. Gianna Beretta Molla*, a. a. O., 167.

[21] Ebd., 168.

[22] Ebd., 170.

[23] Ebd., 174.

[24] Ebd., 118.

[25] Ebd., 64.

[26] Molla, Pietro/Guerriero, Elio, a. a. O., 87.

[27] Lelièvre, Thierry, *Hl. Gianna Beretta Molla*, a. a. O., 123.

[28] Arbeitsgruppe zur Seligsprechung von Gianna Beretta Molla (Hg.), *Gianna Beretta Molla*, a. a. O., 36.

[29] Lelièvre, Thierry, *Hl. Gianna Beretta Molla*, a. a. O., 78.

[30] Brem, Hildegard, OCist, *In der Freude der Liebe. Gianna Beretta Molla*, a. a. O., 105.

[31] Ebd., 171.

[32] Ebd., 172.

[33] Lelièvre, a. a. O., 79.

Jérôme Lejeune

[1] Dugast, Aude (Hg.), *Prier 15 jours avec le Professeur Jérôme Lejeune*, Bruyères-le-Châtel 2015, 87.

[2] Le Méné, Jean-Marie, *Le professeur Lejeune, fondateur de la génétique moderne*, Paris 1999, 47.

[3] Dugast, Aude (Hg.), *Prier 15 jours avec le Professeur Jérôme Lejeune*, a. a. O., 63.

[4] Ebd., 88.

[5] Calva, Pilar, »Wer war Professor Jérôme Lejeune?«, in: *Medizin und Ideologie* 2/2015, 34–38, 36f.

[6] Ebd., 35.

[7] Dugast, Aude (Hg.), *Prier 15 jours avec le Professeur Jérôme Lejeune*, a. a. O., 30.

[8] Ebd., 49.

[9] Lejeune, Clara, *Das Leben ist ein Geschenk. Mein Vater Jérôme Lejeune*, Rückersdorf 2021, 48. Ausführlicher dazu: Lejeune, Jérôme, *Au commencement, la vie. Conférences inédites de Jérôme Lejeune (1968–1992)*, Paris 2014, 43f.

[10] Dugast, Aude (Hg.), *Prier 15 jours avec le Professeur Jérôme Lejeune*, a. a. O., 26.

[11] https://www.vatican.va/content/john-paul-ii/de/encyclicals/documents/hf_jp-ii_enc_25031995_evangelium-vitae.html, abgerufen am 11. Februar 2023.

[12] Ebd.

[13] https://www1.wdr.de/stichtag/stichtag-todestag-von-jerome-lejeune-100~_mon-012021.html, abgerufen am 11. Februar 2023.

[14] Siehe dazu: *Questions Réponses sur la Controverse sur la découverte de la trisomie 21*, https://www.fondationlejeune.org/questions-reponses-sur-la-controverse-sur-la-decouverte-de-la-trisomie-21, abgerufen am 11. Februar 2023.

[15] Ebd.

[16] Lejeune, Clara, *Das Leben ist ein Geschenk. Mein Vater Jérôme Lejeune*, a. a. O., 114.

[17] Ebd., 117.

[18] Ebd., 120.

[19] Ebd., 121.

[20] »Ein Karyogramm ist die grafische Darstellung eines vollständigen Chromosomensatzes, bei der die Chromosomen nach der Größe geordnet und fortlaufend nummeriert sind«, ebd., 153 (Fn 8).

[21] Lejeune, Clara, *Das Leben ist ein Geschenk. Mein Vater Jérôme Lejeune*, a. a. O., 124.

[22] Ebd., 111.

[23] https://www.vatican.va/content/john-paul-ii/de/letters/1994/documents/hf_jp-ii_let_19940404_card-lustiger.html, abgerufen am 11. Februar 2023.

[24] *Parole et prière. Prier un mois avec Jérôme Lejeune.* N° 126, du 1er au 31 décembre 2020, 125.

[25] Le Méné, Jean-Marie, *Le professeur Lejeune, fondateur de la génétique moderne*, a. a. O., 42.

[26] Lejeune, Clara, *Das Leben ist ein Geschenk. Mein Vater Jérôme Lejeune*, a. a. O., 35.

[27] Ebd., 330.

[28] *Lejeune, Jérôme,* »Die Botschaft des Lebens«, in: *Wissenschaft und christliches Leben. Drei Beiträge*, Köln 1974, 29–34, 32 f.

Literaturverzeichnis

Hildegard von Bingen

Abtei St. Hildegard (Hg.), *Die Werke der heiligen Hildegard*, 10 Bände, Beuroner Kunstverlag, Rüdesheim/Eibingen, 2010 ff.

Benedikt XVI., *Katechesen zu Hildegard von Bingen*, https.//abtei-st-hildegard.de/katechesen-papst-benedikts-xvi-zu-hildegard-von-bingen/, abgerufen am 11. Februar 2023.

Führkötter, Adelgundis (Hg.), *Das Leben der heiligen Hildegard, berichtet von den Mönchen Gottfried und Theoderich*, Salzburg ²1980.

Dies. (Hg.), Hildegard von Bingen, *»Nun höre und lerne, damit du errötest …«, Briefwechsel – nach den ältesten Handschriften übersetzt und nach den Quellen erläutert von Adelgundis Führkötter OSB*, Freiburg 1997.

Gerl-Falkovitz, Hanna-Barbara, »Wunden, Kampf und Heil: Hildegard von Bingen (1098–1179) und das Drama zwischen Gott und Mensch«, in: dies., *Freundinnen. Christliche Frauen aus zwei Jahrtausenden*, Donauwörth ³2003, 37–49 (auch in Hönmann).

Gosebrink, Hildegard, *Hildegard von Bingen begegnen*, Augsburg ²2009 (Reihe: Zeugen des Glaubens).

Gronau, Eduard, Hildegard von Bingen. Prophetische Lehrerin der Kirche an der Schwelle und am Ende der Neuzeit, Stein am Rhein ²1991.

Hildegard von Bingen, *Welt und Mensch. Das Buch »De operatione Dei«*, übersetzt und erläutert v. Heinrich Schipperges, Salzburg 1965.

Dies., *Der Mensch in der Verantwortung. Das Buch der Lebensverdienste (Liber Vitae Meritorum)*, übersetzt und erläutert von Heinrich Schipperges, Salzburg 1972.

Dies., *Wisse die Wege. Scivias*, ins Deutsche übertragen und bearbeitet von Maura Böckeler, Salzburg ⁷1981.

Dies., *Umarmt vom Lebendigen Licht. Prophetische Worte und Gebete*, ausgewählt und übersetzt v. Maria-Assumpta Hönmann OSB. Mit einer Einführung v. Hanna-Barbara Gerl, Freiburg 1993.

Hönmann, Maria-Assumpta OSB, *Hildegard von Bingen. Umarmt vom Lebendigen Licht. Prophetische Worte und Gebete*, Freiburg 1993.

Kranz, Gisbert, »Hildegard von Bingen«, in: ders., *Zwölf Frauen*, St. Ottilien 1998, 9–46.

Pernoud, Régine, *Hildegard von Bingen. Ihre Welt, ihr Wirken, ihre Vision*, Freiburg 1996.

Schipperges, Heinrich (Hg.), *Hildegard von Bingen. Geheimnis der Liebe. Bilder von des Menschen leibhaftiger Not und Seligkeit*, nach den Quellen übersetzt und bearbeitet v. Heinrich Schipperges, Olten 1957.

Ders., *Hildegard von Bingen. Gotteserfahrung und Weg in die Welt*, Olten und Freiburg im Breisgau ³1980.

Ders., *Hildegard von Bingen. Ein Zeichen für unsere Zeit*, Frankfurt 1981.

Ders., *Der Garten der Gesundheit. Medizin im Mittelalter*, München und Zürich 1985.

Ders., »Hildegard von Bingen (1098–1179). Ärztin, Äbtissin und Prophetin«, in: Imhof, Paul (Hg.), *Frauen des Glaubens*, Würzburg 1985, 33–46.

Ders., »Hildegard von Bingen«, in: *Frauen der Kirche*, hg. v. Erika Lorenz/Veronika Straub, München 1986.

Dies., *Die Welt der Hildegard von Bingen. Leben, Wirken, Botschaft*, Freiburg 1997.

Friedrich Joseph Haass

Friedrich-Joseph-Haass-Gesellschaft (Hg.), *Der »heilige Doktor« von Moskau. Friedrich Joseph Haass, Münstereifel 1780–Moskau 1853*, Bad Münstereifel 2007. (Russische Originalausgabe, hg. v. Alexander Neshnyi, Moskau 2002. Darin auch die maßgebliche erste Lebensskizze von Anatolij F. Koni).

Hamm, Anton/Teschke, Gerd, *Ein deutscher Arzt als »Heiliger« in Moskau*, Berlin/Bonn 1983.

Kemper, Dirk, *Das außergewöhnliche Leben des Friedrich Joseph Haass: Biografie einer Legende*, Freiburg 2021.

Kopelew, Lew, *Der heilige Doktor Fjodor Petrowitsch. Die Geschichte des Friedrich Joseph Haass*, Hamburg 1984.

Zak, Mark, »Der heilige Doktor von Moskau – Ein Doku-Hörspiel von Mark Zak«, https://www.domradio.de/audio/der-heilige-doktor-von-moskau-ein-doku-hoerspiel-von-mark-zak-erstsendung-04042021, abgerufen am 11. Februar 2023.

Ladislaus Batthyány-Strattmann

Bischöfliches Ordinariat der Diözese Eisenstadt (Hg.), Novenenheft »Öffne uns die Augen für das Wunder des Lichts«, anlässlich der Seligsprechung des Arztes der Armen, 2003.

Dirnbeck, Josef, *Geöffnete Augen. Ladislaus Batthyány-Strattmann und sein Leben als »Arzt der Armen«*, hg. v. Stadtpfarre und Franziskanerkloster Güssing, Güssing 2003.

Gatscher-Riedl, Gregor, »Magnat, Mediziner und Menschenfreund: Der Augenarzt Dr. Ladislaus Fürst Batthyány-Strattmann (1870–1931)«, in: *Burgenländische Heimatblätter* 65 (2003), hg. v. Amt der Burgenländischen Landesregierung, Hauptreferat 7-AB (Landesarchiv und -bibliothek), Eisenstadt, 36–52.

Puskely, Maria, *Öffne deine Augen und sieh! Dr. Ladislaus Batthyány-Strattmann. 1870–1931*, Eisenstadt 1988, Manuskript.

Weinhoffer, Andreas, *Fürst Dr. Ladislaus Batthyány-Strattmann (1870–1931). Wissenswertes aus dem Leben des »Arztes der Armen« anlässlich seiner Seligsprechung am 23. März 2003*, Manuskript, Pinkafeld März/April 2003.

Über den Seligen gibt es zudem ein Kinderbuch:

Mayer-Skumanz, Lene, *Die Schätze des Doktor Batthyány. Geschichten aus dem Leben des seligen Arztes Ladislaus Batthyány-Strattmann*, illustriert von Elisabeth Singer, Innsbruck 2003.

Website der Familie: https://www.batthyany.at/der-selige-ladislaus/.

Giuseppe Moscati

Abtei Saint-Joseph de Clairval, *Rundbrief v. 24. Februar 2016* über den heiligen Giuseppe Moscati.

Holböck, Ferdinand, »Der heilige Giuseppe Moscati«, in: ders., *Die neuen Heiligen der katholischen Kirche*, Bd. 2, Stein am Rhein 1992, 248–250.

Papàsogli, Giorgio, *Giuseppe Moscati. Das Leben eines heiligen Arztes*, Stein am Rhein 1982.

St. Josef Heft 26 (2021/2022), *Der heilige Wissenschaftler und Arzt – Giuseppe Moscati*, Kleinhain.

Tripodoro, Antonio. S.J., *Saint Giuseppe Moscati: Doctor of the poor*, San Francisco 2015.

Das italienische Fernsehen (RAI) hat, ausgehend von historischen Quellen, allerdings mit etlichen fiktionalen Ausschmückungen, einen zweiteiligen sehenswerten Spielfilm über das Leben Moscatis gedreht, den es auch in deutscher Übersetzung gibt : *Die Liebe, die heilt.*

Riccardo Pampuri

Cioni, Laura, *Il santo semplice: Vita e lettere di San Riccardo Pampuri*, Genova, Ristampa 2015.

Holböck, Ferdinand, »Der selige Riccardo Filippo Pampuri. Barmherziger Bruder«, in: ders., *Die neuen Heiligen der katholischen Kirche*, Bd. 1, Stein am Rhein 1991, 79–83.

Mutschlechner, Nikolaus, *Ein Arzt wählt Gott. Der heilige Frater Richard Pampuri aus dem Orden der Barmherzigen Brüder. Ein Lebensbild*, München [2]1998.

Anna Dengel

Plechl, Pia Maria, *Die Ärztin im Habit*, Leipzig 1981.

Rhomberg, Hans-Peter, *Anna Dengel. Mit einem Vorwort von Mutter Teresa*, Innsbruck [2]1993.

Schödl, Ingeborg, *Anna Dengel. Ärztin, Missionarin, Ordensgründerin. Das Unmögliche wagen*, Innsbruck 2014.

Website des Vereins Freunde Anna Dengel: https://www.freundeanna dengel.at/, abgerufen am 11. Februar 2023.

Takashi Nagai

Glynn, Paul, S.M., *Ein Lied für Nagasaki. Über das Leben von Takashi Nagai. Wissenschaftler, Konvertit und Überlebender des Atombombenabwurfes*, Illertissen 2016.

Nagai, Paul Takashi, *Die Glocken von Nagasaki. Geschichte der Atombombe*, Luzern [5]1956.

Ders., *Notizen auf einem Sterbebett* (enthält die beiden Notizbücher Nagais: »Rosenkranzkette« und »Abschied von diesem Kinde«), St. Ottilien, o.J.

Ders. (Hg.), *Unter dem Atompilz. Das Schicksal der Kinder von Nagasaki*, Illertissen 2022.

Gianna Beretta Molla

Arbeitsgruppe zur Seligsprechung von Gianna Beretta Molla (Hg.), *Gianna Beretta Molla. Ein Weg der Heiligkeit, Centro Ambrosiano*, Mailand 1994.

Brem, Hildegard, OCist, *In der Freude der Liebe. Gianna Beretta Molla* (= Freunde des Herrn 11), Maria Roggendorf ²2005.

Gebets- und Freundeskreis Gianna Beretta Molla (Hg.), *Sie starb für das Leben – Sie liebte bis zur Vollendung. Informationsschrift zur Heiligsprechung vom 16. Mai 2004 in Rom.*

Holböck, Ferdinand, »Die selige Gianna Beretta Molla«, in: ders., *Die neuen Heiligen der katholischen Kirche*, Bd. 4, Stein am Rhein 2000, 114–119.

Lelièvre, Thierry, *Hl. Gianna Beretta Molla. Mutter bis zum Ende*, Illertissen 2019.

Molla, Pietro/Guerriero, Elio, *Saint Gianna Molla. Wife, Mother, Doctor*, San Francisco 2004. (Darin u. a. ein langes Interview mit dem Ehemann Pietro).

Jérôme Lejeune

Bernet, Anne, *Jérôme Lejeune: Le père de la génétique moderne*, Paris 2004.

Calva, Pilar, »Wer war Professor Jérôme Lejeune?«, in: *Medizin und Ideologie 2/2015*, 34–38.

Dugast, Aude (Hg.), *Prier 15 jours avec le Professeur Jérôme Lejeune*, Bruyères-le-Châtel 2015.

Lejeune, Clara, *Das Leben ist ein Geschenk. Mein Vater Jérôme Lejeune*, Rückersdorf 2021.

Lejeune, Jérôme, »Die Botschaft des Lebens«, in: *Wissenschaft und christliches Leben. Drei Beiträge*, Köln 1974, 29–34.

Ders., *Au commencement, la vie. Conférences inédites de Jérôme Lejeune (1968-1992)*, Paris 2014.

Le Méné, Jean-Marie, *Le professeur Lejeune, fondateur de la génétique moderne*, Paris 1999.

Parole et prière. Prier un mois avec Jérôme Lejeune. N° 126, du 1er au 31 décembre 2020.

Lespés, *François*, Jérôme Lejeune: aux Plus Petits d'Entre les Miens [DVD], 2017.

Bildquellen

Hildegard von Bingen

https://abtei-st-hildegard.de/scivias-kodex-tafel-1-die-seherin/https://
abtei-st-hildegard.de/
https://abtei-st-hildegard.de/%E2%80%9Cscivias%E2%80%9D-
kodex-tafel-3-der-sundenfall/
Abtei St. Hildegard, Rüdesheim-Eibingen

Friedrich Joseph Haass

Wilhelm Stein, Vorsitzender der Friedrich Joseph Haass Gesellschaft

Ladislaus Batthyány-Strattmann

https://www.batthyany.at/der-selige-ladislaus/
Offizielle Website der Familie Batthyány in Ungarn und Österreich

Guiseppe Moscati

Pfr. Erich Neidhart. https://sacerdos-viennensis.blogspot.com/search?q=
moscati

Riccardo Pampuri

Riccardo Pampuri by Josef Kneuttinger. Barmherzige Brüder Bayern

Anna Dengel

Verein Freunde Anna Dengel

Bildquellen

Takashi Nagai

https://nagaitakashi.nagasakipeace.jp/content/images/images/story/No5/
story_5_fushi3nin.jpg
Takashi Nagai. Provided by Takashi Nagai Memorial Museum

Gianna Beretta Molla

Archivio Pietro Molla

Jérôme Lejeune

DR Asso. Lejeune